社会形成科社会科論
―批判主義社会科の継承と革新―

子どものシティズンシップ教育研究会 著

風間書房

ま え が き

　本書は、批判主義の社会科論、市民社会科論研究の第一人者である池野範男氏の社会科教育学研究に関するメタ研究書である。編集担当がこのような研究を進めていこうと考えた問題意識は次の通りである。

> 「池野ゼミ」出身者が、池野範男氏の一連の研究の意義をどのように捉え、そして、それをどう発展的に継承・革新していくのかについて論じる場を設けることが、社会科教育研究の更新につながるのではないか。

　上記のような問題意識に基づいて、「池野ゼミ」出身者のうち、吉村功太郎（宮崎大学）、渡部竜也（東京学芸大学）、田中伸（岐阜大学）、川口広美（広島大学）、そして、橋本康弘（福井大学）が集い、池野範男氏の過去の論文を思い浮かべ、その内容を検討しながら、類型化し、「池野理論」を分析する枠組みとして、目次に示す「社会観・教育観（学力論、目標論、めざす市民像）」「研究方法論（規範的・原理的研究、開発的・実践的研究、実証的・経験的研究）」「社会科教育論（授業分析論、授業開発論、カリキュラム論、教材論、教育実践の具体）」を編み出した。そして、編集担当は、各執筆者に、各目次に対応する池野範男氏の諸論文を通読し、池野範男氏の研究を分析枠組みに沿って、分析し、池野範男氏の研究の意義を考察することを求めた。また、分析する中で池野範男氏の研究に課題があれば、その課題を明らかにし、研究の新しい方向性を示すことを求めた。

　本書は、池野範男氏の研究を、ただ単に「後追い」するのではなく、その研究を対象化し、それを批判的に検討することが、批判主義の社会科論、ひいては、日本の社会科教育研究を革新することになると信じ、各執筆者が、渾身を込めて論じたものである。本書の出版が、社会科教育学研究者のみな

らず、社会科教員、それを目指す院生及び学生等の研究の推進の一助になれば幸いである。最後になるが、出版事情が悪い中で、本書の出版企画を快くお引き受け頂いた、風間書房の風間敬子氏、並びに、校正を担当して頂いた斉藤宗親氏に心から感謝申し上げたい。

2019年1月

編集を代表して

橋本　康弘

目　　次

まえがき

第1章　社会観・教育観

1-1　学力論

池野範男の学力論―向上主義学力論―……………………………………… 3

1-2　目標論

批判主義社会科の目標論……………………………………………………… 14

1-3　めざす市民像

社会科の本質に関する原理的・実践的研究の展開

―民主主義社会を担う市民としての資質・能力とその育成原理・方略―………… 29

第2章　研究方法論

2-1　規範的・原理的研究

「社会形成科」「市民社会科」の課題―「指導論」の必要性― ……………… 43

2-2　開発的・実践的研究

開発研究からみた社会形成科の成立過程

―歴史学習として開発された9つの単元に注目して―…………………………… 53

2-3　実証的・経験的研究

社会科教育学研究者にとっての「実証的・経験的研究」とは何か

―池野範男の場合―……………………………………………………………… 64

第3章 社会科教育論

3-1 授業分析論

池野氏の授業分析研究が社会科教育学研究において果たした役割………81

3-2 授業開発論

社会形成科社会科における授業開発……………………………………92

3-3 カリキュラム論（ドイツ）

社会科教育学研究方法としての外国研究・歴史研究の意義

—池野範男の諸論考の場合—……………………………………………103

3-4 カリキュラム論（イギリス）

向上主義学力論とカリキュラムの意義—イングランドを事例に—…………115

3-5 教材論

社会を形成する力を育てる教材構成と教材研究………………………127

3-6 教育実践の具体

広島大学附属学校園における連携—教師教育の場としての「共同研究」—…138

池野範男先生著作一覧…………………………………………………………151

あとがき……………………………………………………………………………173

第1章　社会観・教育観

1-1　学力論

池野範男の学力論
―向上主義学力論―

1．一般教育学の学力論——石井英真を参考にして——

　コンピテンシーに代表される汎用的学力論と教科内容に代表される領域固有の学力論とをめぐる議論は、最近では両方大切だというところに落ち着きつつある。そして学力を研究する者たちはこの両方を取り入れたオリジナルの学力図や学力一覧表を作成して学力の可視化に励んでいる。その一人に石井英真がいる。石井の作成した「教科の」学力の一覧表[1]（次頁表1）の特色は、学力としてこれまで教育学で注目されてきた議論や要素を包括しつつ、ブルームやマルザーノの分類表を参考に再整理した点にある。通常こうした一覧表を作ることの大きな目的は、知識の教授のみに集中しやすい一般の中高教師たち、逆にコンピテンシーといった汎用的学力や意欲・関心・教科への愛着といった情意面に目が向かい過ぎて知識の質に目が向きにくい傾向にある一般の小学校教師たちに、学力の要素の多様性や質的差異に注目させ、そこから自らの授業の在り方を問い直させようとする点にある。ただこうした一覧表は何らかの要素が抜け落ちやすく、その場合こうした一覧表は教師の視野を逆に狭めてしまう危険性もある。また観念的過ぎたり、複雑過ぎたりしては、教師の多くが理解できない。その点で石井の表は要素の抜けが見られない、シンプルかつきめ細かい表として高く評価できるだろう。

　石井の一覧表にある各種の要素は、「平和的で民主的な国家・社会の形成者」の育成を目的とする社会科にとって、いずれも重要なものばかりである。市民に「立憲主義」という「概念的知識」がなければ国家権力が暴走する危

4　第1章　社会観・教育観

険性が高まる。「学び合いや知識の共同構築」「プロジェクトベースの対話と協働」は民主主義社会を実際的に築き上げるために不可欠となるスキルだ。「意思決定」「知的問題解決」については説明すら不要だろう。

　しかし、次のように問いかけてみよう。「民主主義社会を破壊しようと企むテロリストにとって下の表で不要なものは存在するのか」と。おそらく石井の表に挙げられている全ての要素が必要となるのではないか。つまりこの表は民主主義社会の形成者を作るのに必要な条件を示していたとしても、十分条件を満たしてはないのである。この事が意味するのは、この表に示されている諸要素は何かの目的のための道具的・手段的なものに過ぎないという事実である。民主主義社会の形成者になるためには、こうした学力の諸要素をどの文脈でどのように活用することが民主主義の形成に貢献することにな

表1　石井英真「教科の学力・学習の三層構造と資質・能力の要素」

学力・学習活動の階層レベル（カリキュラムの構造）		資質・能力の要素（目標の柱）			
		知識	スキル		情意（関心・意欲・態度・人格特性）
			認知スキル	社会的スキル	
教科の枠付けの中での学習	知識の獲得と定着（知っている・できる）	事実的知識、技能（個別的スキル）	記憶と再生、機械的実行と自動化	学び合い、知識の共同構築	達成による自己効力感
	知識の意味理解と洗練（わかる）	概念的知識、方略（複合的プロセス）	解釈、関連付け、構造、比較・分類、機能的・演繹的推論		内容の価値に即した内発的動機、教科への関心・意欲
	知識の有意味な使用と創造	見方・考え方（原理、方法論）を軸とした領域固有の知識の複合体	知的問題解決、意思決定、仮説的推論を含む証明・実験・調査、知やモノの創発、美的表現（批判的思考や創造的思考）	プロジェクトベースの対話（コミュニケーション）と協働	活動の社会的レリバンスに即した内発的動機、教科観・教科学習観（知的性向・態度・思考の習慣）

るのか知らなければならないし、これらの要素を民主主義社会の形成に貢献する形で活用しようとする意志が育てられていなければならない。また、テロリストと民主主義の形成者とでは、必要となる見方考え方も概念的知識もスキルも活動の社会的レリバンスも質的に異なったものになるだろう（勿論、重複するところもあるだろう）。例えばテロリストは、国家権力は強大で立憲主義や選挙等の民主的手段で正しい変革は生じない、という見方考え方やそれを裏付ける事実的知識を有しているだろうし、民主主義の形成者はその逆のものを有しているだろう。石井の表は、そうした両者の知識・スキル・情意の質的な違いについて、特に何も教えてくれるものではない。

　石井の学力一覧表のようなものは、大抵の場合、見た目のインパクトとは裏腹に、教科の教師にとってあまり役に立つものではない。それどころか、大きな悪影響を与える危険性がある。それは本来道具（手段）であるはずの各要素が目的化して独り歩きを始めることである。ある者は要素別に知的訓練を組織するかもしれない。逆にプロジェクト学習を用いて各要素を横断的総合的に扱おうとする者もいるかもしれない。だがいずれにしても一覧表の要素それ自体が目的化した時、いずれの要素においても、教師は民主主義社会の形成者になるのに必要なことも、特に役立たないことも、逆効果になることもいろいろ混ぜこぜに、子どもにとって学ぶことの必要性が見えにくいままに教えることになるし、要素の網羅と量的充足にばかり目が向いて、肝心なことを教えていないことに気が付かないかもしれない。

2．池野の学力論

（1）教育目標と学力像の一体化

　前述したようなことを誰よりも一番理解しているのは、おそらく我が師である池野だろう。だからこそ池野は、教育の目的（教科の目標）をしっかりと据えて、そこから必要となる学力とは何かを描こうとする。こうした池野にとって、教育の目的を曖昧にしたまま、教育の目的をめぐる価値的規範的

6 第1章 社会観・教育観

な議論からは距離をとり、中立的客観的な装いをした学力を構想しようとしていると少なくとも彼の目には映る者たちの論、例えばブルームらの分類表とそれらを根拠とする日本の研究者の学力論（前掲の表1も含む）、そして森分孝治や柴田義松の科学主義学力論は恰好の批判対象となる。

　池野の研究履歴を紐解くと、学力についての議論は比較的に最近登場したものであり、これよりも前に、学校の一教科である社会科は何をしなくてはならないのかについての考察に莫大な時間を費やしていることが分かる[2]。池野は社会科の教科目標を、民主的で平和的な国家・社会の形成者として必要な市民的資質の育成に何らかの形で寄与することにあるとする点で、森分とスタンスは同じである。しかし池野は、森分が想定するよりもずっと社会科はこの目標に直接的に寄与できるし、またその必要があると考えた。

　池野がこうした方針をとった理由の一つに、学校、特に社会科教育は科学知を軸とする対抗社会化を行い、生活社会は共同体への参加意欲の喚起を含む態度形成を軸とする社会化を行うとした森分の分業的形成論ではまずいと考えたことがある。なぜなら、学校教育を通して若者たちが社会を知的・批判的・自律的に見ることが出来るようになったとしても、そうした知見を生活社会の側が拒否してしまえば終わりだからである。その若者の自己満足で終わりになる。そこで池野は、学校での知見を生活社会で生かすためには、日常社会の人々と合意に向けた対話又は討議の世界を構築できることが肝要と捉えるようになった[3]。これは明らかにハーバーマスの公共圏構築の議論からヒントを得ている。

　池野はまた、民主主義社会をともに築いていく企てを生活世界の人々に呼びかけうる、より強い言説や行動を生み出せる子どもの育成を社会科が担っていくために、2000年前後に二つの提案をすることになった。一つは社会科が育成するべき学力像やその評価を知識中心的なものから「社会形成」というパフォーマンス中心に変革することであり（静（being）から動（doing）へ）、もう一つは社会の分かり方を、「〜がある（being）」（例えば「水道がある」）か

ら「○○が××のために～している（doing）」（「水道は市民に安全かつ安価に確実に水を供給するために政府の責任で管理されている」）と、主語のある存在へと転換することである⁽⁴⁾。これらはいずれも社会構築主義の考え方からヒントを得たものである。社会をこのように見ることと民主主義社会の形成との関係について、池野は次のように説明している。

　　　よりよいもの、新しいものを求めその実現を図るためにはまずは、その動機や動因を作り出し、判断や行為を促進するだけでなく、問うことが重要である。それは、現状を疑い質すこと。本当にそれでよいのか、もっと良いものはないか、違った考えはないか。これらを問うことこそが、一人一人の人格と国家・社会の形成者の育成を行う基盤を作り出すのである⁽⁵⁾。

　なお、池野は「～している（doing）」で社会を見ることについて、「概念」「理論」ではなく「見方・考え方」として位置付けている。管見する限り、池野はこれを「理論」ではなく「見方・考え方」として位置付ける理由についてあまり詳しく説明していない。だが、おそらく池野の言う「見方・考え方」は、「理論」のように教師が知識として生徒に伝達して形式的に記憶させることができるような性質のものではなく、生徒自身が主体的に事実を直接確かめ仲間たちと議論しながら既有の世界観を壊して再構成することで、自分のものとして心や体の一部となっていくような性質のものであり、かつ社会の理解だけでなくパフォーマンス全体に影響を与える性質のものであるとして、あえて「理論」とは区別した表現を池野は用いていると思われる。実際、後にこれが「向上主義」学力として発展していく中で池野は筆者にその手がかりをピアジェの発想から得たと語っていた。ここから察するに、池野にとって、「～している（doing）」で社会を見る「見方・考え方」は、認知心理学でいうところの「スキーム（認知枠）」に該当すると思われる⁽⁶⁾。

（2）要素主義の批判と対抗軸としての「向上主義」学力

　このような池野の考え方に基づくと、学力は、知識、スキル、情意に分解

8　第1章　社会観・教育観

されるようなものではなく、これらが複雑に絡み合った別の何かであると捉えられることになる。またそう捉えないと、池野の「社会形成」も「見方・考え方」も成り立たなくなる。こうした池野の立場から見れば、特に知識・スキルと情意とを分離する行為は、知識や技能から民主主義社会の形成者となるための動力を奪うことになるので、民主主義社会の形成者を育成する上での最大の阻害要因と位置付けられることになる。そのため、学力を知識、スキル、情意に分解できると考えるブルームの分類表やそれの改造版（先の表1も含むだろう）、森分らの学力図、いずれも池野にとって認めることが出来ないものとなる（池野は彼らの立場を「要素主義」と呼ぶ）。

　また、池野にとって学力の成長は、森分が示すような「誤りの認識→誤りの排除→より正しい知識の成長」といったテクニカルな情報処理で片付くものとはならない。池野は学力の成長を、教師が生徒に問い（例えば以下の枠内の問いＱ1〜Ｑ3[7]）を投げかけていくことによって、生徒の中で前段階の「見方・考え方」が組み替えられて再構築されていくものとして描く。また池野は、そうした「見方・考え方」それは一足飛びに成長するものではなく、順序性があり、段階的に成長するものとして描く。池野は自らの学力の成長についての考え方を「向上主義」と呼ぶ。

Ｑ1　社会にそれがどのように存在しているのか？
　　　　　　　　　　　　　　　　（社会的存在としての事実の確定）
Ｑ2　なぜそれが社会に存在しているのか？　　　（社会的存在の存在理由の探究）
Ｑ3　それはどのように存在するのが良いのか、なぜそれがよいのか
　　　　　　　　　　　　　　（社会的存在の改善と正当性の追求）

　池野が学力の成長について具体的に論じるようになるのは2005年前後からである。池野の議論のユニークな点は、学力の成長について、これを促す具体的な授業案の開発及び、評価テストの開発、そして実践と効果の検証を全て同時連続的に議論していった点である[8]。もちろんこれは、池野が自らの学力及び学力成長論についての仮説を観念的かつ思弁的なもので終わらせた

くないと考えての事なのだが、併せて PISA を超えるという、池野らしい大きなねらい（野望？）もあることは指摘しておかねばなるまい。池野は、自らの学力の考え方に最も近い存在として PISA を位置付けている。その理由は PISA の示す学力像が、「規準の向上構造」「まとまりとしてのリテラシー」「成長評価論」の３つの特徴を有しているからだと池野は説明する。しかし併せて池野は、PISA が「まとまりとしてのリテラシーというものを具体的に進める方略と方策を開発していない」問題があると批判し、そして「まとまりとして示す方法としては、パースペクティブ（見方・考え方）の構築があるが、この方略とそれに基づいた評価論は確立していない」「総合的な評価方略の開発が求められ、向上主義学力論という新たな論への展開が要請されている」と主張する[9]。これらは明らかに自らの一連の学力研究を念頭に置いての発言である。池野は学力論で世界一を目指している。

（３）「習得・活用の分離独立論」の対抗軸としての「向上主義」学力

　池野の学力論から見て、どうしても認めることのできないもう一つの考え方が、学習過程としても学力・評価としても、習得と活用を分離独立したものと捉えることである。池野は活用を独立させず学習の中で連続的に位置付けるべきであると主張する。このような主張を池野がする根拠として、まず再度池野が重視する「見方・考え方」がどのような性質のものであったのか思い出してもらいたい。池野は「見方・考え方」を、生徒自身が主体的に事実を直接確かめ仲間たちと議論しながら既有の世界観を壊して再構成することで、自分のものとして心や体の一部となっていくような性質のものであり、かつ社会の理解だけでなくパフォーマンス全体に影響を与える性質のものと捉えていたと考えられる。この場合、「見方・考え方」の習得すなわち活用となる。池野は、習得と活用の分離独立こそが、歴史的に、知識・理解を当面の目標とする教科主義学力論の温床になってきたと説明する。確かに、習得を基礎、活用を発展と位置付けて、「基礎（習得）が不十分なのに発展（活

用）なんてまだ早い」といった議論展開をして、教科書の内容伝達を正当化する教師は五万といる。その意味で習得・活用の分離独立がもたらしやすいこうした弊害を指摘すること、それ自体は珍しいことではない。ただ池野はこの問題の解決を、教師の教授姿勢の改善にではなく、学力像それ自体のパラダイム転換に求めた点が、これまでにない視点である。

3．池野の学力論の課題

　ここまでで、読者の皆様には、池野の学力論及び学力研究が大変ユニークな性格のものであることはご理解いただけたのではないかと思う。ただ、池野の学力論はまだ発展途上にある。そのため筆者がこれを批判するのはやや心苦しいが、批判が今後、更なる理論補強につながればと思い、あえて筆者が感じるところの課題や疑問について何点か示したいと思う。

　第一は、「見方・考え方」を育てていく授業についてである。池野が開発する「見方・考え方」を育てる授業案はいずれも数時間程度を設定しているが、こんなに短時間で子どもたちの（「理論」ではなく）「見方・考え方」の段階的成長を保障できるのだろうか、という疑問である。池野が考える「見方・考え方」が認知心理学で言うスキームのようなものであるとするなら、その変革にはかなりの時間を要するはずである。そうなると、単元ではなくカリキュラムとして編成していく必要があるのではないか。

　第二は、「見方・考え方」の評価テストについてである。池野は知識と情意を分離してはならないと繰り返し論じている割に、開発している評価テストは子どもが知識を有しているかどうか確認しているだけになっている。本来、池野の言う「見方・考え方」が情意を含むものであるのなら、パフォーマンス評価もしくは聞き取りなどの質的調査は避けられないと思われる。しかし池野はそうしたアプローチを採用しない。評価テストにも、情意に配慮した形跡はない。この評価テストを見た人は、「見方・考え方」と「理論」を同じものと捉えるだろう。

第三は、授業前の子どもの「見方・考え方」の設定についてである。池野が開発した授業はいずれも、授業を受ける前の子どもが、社会や事物を単純にそこにある存在（being）として捉えているとした前提に立っている。だがこれは何か調査の裏打ちがあるのだろうか。かつて筆者は、池野が開発した地図の授業で、授業前の子どもたちは地図を全ての情報をそのまま載せている写実論的な「見方・考え方」を有しているという前提で議論をしていたこと[10]に疑問を持ち、独自に子どもたちを調査することで、地図は何者かが情報を取捨選択していることについて大半の子どもが理解していることを明らかにしたことがある[11]。子どもの世界観を低く見積もり過ぎではないか。

　第四は、これも以前筆者が指摘したことだが[12]、池野が開発した授業のうち小学生を対象としたものはほぼ体制肯定的な学習、業界用語でいえば理解主義社会科になってしまっている。これは池野が「○○が××のために〜している（doing）」の「見方・考え方」を小学生に育てる際に、「行政は市民が安全に安く水を飲めるようにするために様々な努力と工夫をしている」と、体制擁護の語りに読み替えているためである[13]。本来、「〜している（doing）」の「見方・考え方」を子どもに育てることの最大の目的は、前述のように、社会的存在の存在理由を問い直し、存在の改善と正当性を追求するためであったはずだ。その意味で池野のこうした読み替えは矛盾している。おそらく相手が小学生であるため、育成する「見方・考え方」を社会的存在に主語があること（存在理由があること）を理解させるといった段階に留め自制したのだと思われるが、この判断も何かしらの調査に裏付けられたものとは思えない。池野は小学生の伸び代を低く見積もり過ぎてはいないか。

　第三と第四はいずれも、子どもについての丁寧な観察が欠落していることに由来する。子どものことが良く分かっていないままに思い込みで創る授業が成功することはまずない。子どもの姿に立脚した議論を期待したい。

（東京学芸大学・渡部竜也）

12　第1章　社会観・教育観

【註】

（1）石井英真「資質・能力ベースのカリキュラム改革と教科指導の課題―教科の本質を追求する授業の在り方―」日本教育方法学会編『教育方法46　学習指導要領の改訂に関する教育方法学的検討：「資質・能力」と「教科の本質」をめぐって』図書文化、2017年、40頁。

（2）池野範男「批判主義の社会科」『社会科研究』第50号、1999年。同「社会形成力の育成」『社会科教育研究別冊　社会科教育学年報（2000年度）』2001年など。

（3）池野範男「ディスコース（討議）世界の構築―社会形成による知の形成―」広島大学附属小学校学校研究会『学校教育』2001年6月号、6～11頁。

（4）「～がある（being）」と「～している（doing）」については、池野範男「独立「活用」論の問題性とその克服―習得主義から向上主義への学力論」『教育目標・評価学会紀要』第19号、8頁を参照のこと。

（5）池野範男「問う教育の必要性―「知識基盤社会」教育論の危なさ―」『現代教育科学』2008年4月号、6～7頁。

（6）この構想について確認できる初期の論文として、池野範男「方法としての社会的世界の構成⑦：型の形成と適用―菊池勇「明治維新を支えた人々」を例に―」『社会科教育』1994年10月号がある。ここに「認識枠組」の表現が見られる。

（7）池野範男「社会科は「生きる力」の何を分担するか―社会形成力」『現代教育科学』2001年1月号、48頁。

（8）初期の研究は筆者も参加している。池野範男、渡部竜也、竹中伸夫「「国家・社会の形成者」を育成する中学校社会科授業の開発―公民単元「選挙制度から民主主義のあり方を考える―」『社会科教育研究』第91号、2004年。同「認識変容をめざす社会科学習評価分析（1）」『学校教育実践学研究』第10号、2004年。

（9）池野範男「向上主義学力論の特質と問題点（特集 PISA 型読解力は何を示唆するか）」『現代教育科学』2006年9月号。

（10）池野範男ほか「小学校社会科における見方・考え方の育成方略：単元「地図とはどのようなものでしょうか？地図について考えてみよう！」を事例として」『広島大学大学院教育学研究科紀要第二部文化教育開発関連領域』第53集、2005年。

（11）渡部竜也「批判的思考力を育成する地図学習の単元開発―「構築主義的アプローチの罠」の克服を通して―」『教育学ジャーナル』第3号、2007年。

（12）同上。

（13）例えば、池野範男『小学校社会科と補充的な学習、発展的な学習――一人一人の

学習の成長を保障する教育—』大阪書籍、2004年。

1-2　目標論

批判主義社会科の目標論

1．研究の視点と観点——論文のRQは何か？——

　本稿は目標論をターゲットとし、批判主義社会科論の論点と課題を示す。池野氏の研究は多岐に渡るが、研究の思想は論文の論理と構成へ顕著に表出される。本章では論文を以下の4段階を通して分析することで、目標論を軸に批判主義社会科が持つ社会と教育の観点を炙り出し、その論理と課題を検討する。手続きは、第1に論文のリサーチ・クエスチョン（以下、RQ）の抽出を通して研究の視点と観点を示し、第2にそれを解き明かす手続きを分析することで、研究方法の特質（研究観）を明らかにする。第3に、それらを基に氏が設計する目標論の特徴を分析し、最後にその現代的な課題を検討する。従って、本稿の目的は批判主義の解説ではなく、その目標論に内在する視点と論点を分析し、その特徴と課題、及び更新の方向性を批判的に検討することである。

　表1は目標に関する記述が明確にされている論文のRQを整理したものである[1]。RQは歴史教育論や社会科論を問うものを中心に様々な論点が設定されているが、大きく2つの特徴がある。第1は、教育の目的を問う点である。本教育論は、教育（教科教育・学習）の目的を人間形成に置く。その上で、教育や学習は何をすべきで、何をしてはいけないのか。人間形成という意味を原理的に探究する。これは、例えば1979年[2]や2007年[3]、2008年[4]、2014年[5]の論文の様に直接的に言及するものもあれば、80年代から90年代にかけて展開されたドイツ歴史教育論争を分析する中で間接的に示す場合もある。

　第2は、学びと社会の関係を問う点である。本教育論は、学習を通して学

校と社会の接続をはかる。その際、社会科の学びと現実社会はどのように接続し、何をどのように学習化出来るのか。学びを社会との関係の中で捉えてゆく。例えば、1980年の論文「社会科教育研究の動向」では、子どもの生活上の問題と過去の事象との連関を社会的問題を媒介してつなぐことで認識の主観性を予防するなどと論じる。このスタンスは1999年、2000年、2003年に組み上がった市民社会科論へ継続し、その後2015年から開始した真正性の研究へも継続する。学びと社会を関係的に捉える点が特徴である。

表1　主要論文の Research Question

1979-2000年代	2001-2011年代	2012-2018年代
人間形成としての歴史教育とは？（「批判的歴史授業」の構想、1979)	新しい学びや知の形成としての社会形成の意義とは何か？（ディスコース（討議）世界の構築、2001)	現場における社会科授業改革の現状とは？（地域教材と知識の構造図を用いた社会科授業づくり、2012)
子どもの自発性や主体認識を保持した歴史教育とは何か？（西ドイツ歴史授業モデル研究、1980)	社会科教育における市民性およびその育成の論理は？（シンポジウムに参加して：真理性か正当性か、市民の基礎形成か市民形成か、2001)	社会的な見方・考え方とは？（『小学社会』における「社会的な見方・考え方」の成長、2012)
歴史授業はいかに組織されるべきか？（認識とは何か？）（批判的歴史授業の授業構成、1980)	市民社会科の定義、動機、原理、意義は何か？（市民社会科の構想、2003)	日本の教科教育研究の独自性は何か？（日本の教科教育研究者とは何をどのようにする人のことか、2014)
社会科授業に隠された考えや根拠づけを分析する方法とは？（社会科授業内容分析の理論、1982)	なぜ、社会科で公共性概念が導入、構築されてきたか？（公共性問題の射程、2004)	全ての子どもを包摂（インクルージョン）した教育のありかたとは？（学習困難の研究(1)、2014)
知識とは何か？子どもの思考に寄り添うとは？（社会科授業理論の認識論的基礎づけ(II)、1983)	教育学部・大学院カリキュラムの問題点と改善点は？（新採用3年以内の教員調査報告、2006)	新しい「国民」意識に基づく国家のあり方を追究する学習とは？（ポスト国民国家へと移行する社会を読み解く次世代カリキュラムの開発研究(1)、2014)
新しい歴史教授構想とはどのようなものか？（歴史運命論の問題点は？）（西ドイツ歴史教授学のパラダイム変換、1984)	市民社会科歴史教育の意義と課題は？（市民社会科歴史教育の授業構成、2006)	21世紀のグローバル社会で求められているシティズンシップ教育とは？（グローバル時代のシティズンシップ教育、2014)
歴史教育独立論の課題と問題	向上主義学力論の特質と問題	社会の変化によって社会科が

点は？（「実証史学」の歴史教育独立論の問題点、1986）	点とは？（向上主義学力論の特質と問題点、2006）	どのように変化するのか、あるいは社会科をどのように変化させるのか？（シンポジウム「人口現象によって変化する社会と社会科教育の可能性」趣旨とまとめ、2015）
なぜ、歴史テストを行うのか？テストでは何をどのようにはかればよいのか？（社会科テストの教授学的研究(I)、1986）	態度強制の問題性とは？（何に忠誠できるのか―、2007）	教師による教材研究の実態とは？（「真正な実践」研究入門、2015）
歴史教育における教育・学習の対象は何か？（精神的科学的歴史教授学の独立性の問題について、1990）	知識基盤社会教育論はどこが危ないか？（問う教育の必要性、2008）	教科教育のアイデンティティーとは何か？（教育として、また、学問としての教科の必要性、2016）
ヴェーニガーの歴史内容構成論および歴史認識論の特徴は？（歴史授業原理としての歴史理解、1991）	教科の存在基盤と意義とは？その上で、現在なしうること、なすべきこと、またなしてはいけないこと、なすべきではないこととは？（社会科の可能性と限界、2008）	誰もがわかる、誰もが学ぶことができる教科教育とは？（特別支援学校用教科書『くらしに役立つ社会』の分析(4)、2016）
近代ドイツで歴史科が成立した過程、およびその問題点は？（近代歴史科の成立、1991）	社会科教育研究方法論の課題は？（社会科授業に関する実証的研究の革新(1)、2008）	市民的資質の評価方法とは？（ポスト国民国家へと移行する社会を読み解く次世代カリキュラムの開発研究(3)、2016）
子どもの理解力と歴史カリキュラムをつなげる（社会科の授業理論と実際、1991）	活用論の問題性とは？（独立「活用」論の問題性とその克服、2009）	教師の教材研究の質を上げるための方法とは？（教師のための「真正な学び」研究入門、2016）
経験の歴史的組織化論の位置と歴史的意義は何か？（ヘルバルトの学校カリキュラム論、1996）	確かな学力を育てる向上主義学力観とは何か？（学力向上に必要なものは?、2009）	日本の多文化的な教育の現状とは？また生じている論争点と課題とは？（日本における多文化教育の論争点と課題、2017）
社会の批判的認識とは？（批判主義の社会科、1999）	啓蒙の弁証法（教育が人々を野蛮へ落とし込むこと）はなぜ生じるのか？教育のどこにその根源があるのか？（現代学力論と教科指導、2009）	シカゴ大学実験学校の教育理念は？（シカゴ大学実験学校の教育とその評価、2017）
21世紀へ向けて社会科教育はどのような市民的資質を育てるのか？（社会科教育の原理としてどのようなものがありえるか？その社会科はどのようなものをめざすのかその社会科は授業をどのように構成	平和教育の課題とは何か？（学校における平和教育の課題と展望、2009） 再構築教育としての学校教育とは？（学校教育目標としての構成員教育、2011）	「真正な実践」とは？（研究者の学びの真正性の活用、2017） アクティブ・ラーニングを用いて学びの資質を深める活動とは？（主体的・対話的で深

| するのか。その社会科はどのような市民的資質を育てるのか）（社会形成力の育成、2001） | | い学びを意図した単元構成の工夫、2018） |

（筆者作成）

2．研究方法から見える研究観──RQ をどのように解き明かすか？──

次に、氏の特徴的な研究方法が示されている 3 本の論文を事例に、RQ を解き明かす手続きから見える研究観を分析する。

（1）教育研究における認識論の研究

まず、1980年の「批判的歴史授業の授業構成」論文[6]、RQ は「歴史授業はいかに組織されるべきか？」である。本論文は、❶はじめに、❷批判的歴史授業の認識原理、❸批判的歴史授業の組織化の過程、❹おわりに、の 4 章構成である。図 1 は本論文の論理構成を示したものである。

本論文は、まず初期社会科の論理と論争点が理解と説明であることを示し、ハーバーマスの認識理論（説明的理解）を用いることで認識論争を発展させられることを論じる。第 2 に、歴史認識をこの説明的理解の過程を経る必要性を示し、第 3 にそれを教育論へ応用した研究としてクーンを取り上げる。そして、批判的歴史授業の原理・理論は子どもが社会で自己とは何かを追求することであることを示す。第 4 は、クーンが示す批判的歴史授業の論理と展開を示すことで、認識論を授業理論へ応用可能であることを論じる。この手続きを通して、歴史授業は批判的社会科学の歴史認識の過程を経ることで子どもの日常意識の構造化をするものであるとする。

本論文は、ハーバーマスを教育論へ応用したクーンの授業をとりあげ、そこから歴史授業認識論を構築する研究である。氏は、このように哲学研究を教育学研究へ応用することで認識論や価値観に関する研究を多数行う。それらは一見歴史教育論や授業論を対象とした研究に見えるが、多くは認識、価

18 第1章 社会観・教育観

RQ:「歴史授業はいかに組織されるべきか？」	
歴史認識についての認識原理とは？	
	初期社会科批判の論理を示す（個人的・小社会的な個人主義的・心理主義）
	→これを認識原理へ転換する（「理解」に対する「説明」の批判）
	→理解と説明の結合による歴史認識の必要性
	⇨「説明的理解」（ハーバーマスの認識理論を応用する）
歴史認識とは？	
	ハーバーマスの歴史認識（解放的認識関心：強制から人間を解放する）
	→人間が作り出したものであるとする社会・歴史
	⇨ 言語分析の手法を用いて進められる説明的理解の過程
批判的歴史授業（原理・理論）とは？	
	→ハーバーマスの批判的社会科学を教育論へ応用した例としてクーンを取り上げる
	過去との関わりの中で意識的に自己存在を他者とのコミュニケーションで自己反省し批判すること
	⇨ 子どもが社会で自己とは何かを追求すること
批判的歴史授業の実際とは？	
	『フランス革命』の授業計画と発問構成
	授業展開の授業過程を解釈して説明
批判的社会科学の歴史認識の過程を経ることによって、子どもの日常意識の構造化をなそうとする	

図1 「批判的歴史授業の授業構成」の論理構成　　　(筆者作成)

値、意識、社会などの定義や概念に関する原理的研究を裏で展開する。認識論などの原理研究を通して、教科学習を基底する子どもの学びを問い直すものである。

（2）社会科教育論を構築・提案する研究

　氏は多くの論文で直接的・間接的に自身の社会科教育論を示す。それは、

ドイツの歴史教育論や実践分析へ編み込む場合もあれば、公的カリキュラムの分析・批判の中で展開する場合もある。ここでは中でも体系的に教育論を展開する2001年の論文「社会形成力の育成」を取り上げる[7]。RQ は、「21世紀へ向けて社会科教育はどのような市民的資質を育てるのか」である。論文の章立ては、❶問題の分析、❷社会の論理に基盤を持つ社会科、❸社会形成原理による社会科教育、❹社会形成の論理に基づく社会科授業、❺市民教育としての社会科で育成される市民的資質、である。章立てが主張を端的に示してはいるが、改めて構造的に示したものが図2である。

　本論文は、1999年の「批判主義の社会科」をその基礎とする。そこでは、社会科教育の対象が「社会」であるにも関わらず民主主義社会を原理としていないことを指摘し、ドイツの中等政治的陶冶シリーズを参考に社会の認識を社会の批判的認識へと位置づけ直すあり方を提案した。この論文を受け、氏が自身の教育論を示したものが本論文である。まず、「21世紀へ向けて社会科教育はどのような市民的資質を育てるのか」という RQ を示し、現在の社会科教育研究方法の課題を示す。次に、多様な意見を集合的に反映する反映的デモクラシーではなく、多様な意見を競争による淘汰する批判的デモクラシーに基づくことで、批判と正当化という要素に基づく自律的判断、合理的共同決定の能力、公共的社会的価値の獲得が必要であることを示す。第3に、社会形成原理による社会科教育論の目標・内容・方法を論じた上で、社会問題史学習単元「男女平等を考える」を例に社会的探求による批判的社会形成過程を示すことで、社会形成原理を社会科授業へ応用する。この手続きを通して社会形成力を育成する市民社会科の構想を示す。この論文は、2006年の論文「市民社会科歴史教育の授業構成」の骨子となる。

（3）教師教育改革を意図した研究

　次は、図3に示した2015年から3ヶ年計画で進められた「真正性」の研究である[8]。

20 第1章 社会観・教育観

RQ：「21世紀へ向けて社会科教育はどのような市民的資質を育てるのか？」
社会科教育研究方法批判
学習者の子供を中心においた研究、学習内容としての科学を中心においた研究は外在的研究
→学習対象を対象とした研究の必要性
社会形成社会科論の説明
批判的デモクラシーの論理にもとづく社会科論
自律的市民を育成する
⇨批判と正当化という要素に基づく自律的判断、合理的共同決定の能力、公共的社会的価値の獲得
社会形成原理による社会科教育論
目標：社会形成力の育成
内容：社会問題の解決の妥協・調整
方法：議論の論理もとづく公共圏の形成
⇨社会形成原理に基づく教育論の表明
社会形成の論理に基づく社会科授業
社会的探求（Social Inquiry）：社会問題史学習単元「男女平等を考える」
社会的探求による批判的社会形成過程
⇨社会形成原理を社会科授業へ応用する
批判と正当化という要素に基づく自律的判断、合理的共同決定の能力、公共的社会的価値の獲得

図2　「社会形成力の育成」の論理構成　　　（筆者作成）

　本研究は、教師による教材研究の手法がターゲットである。まず、実習生や現場教師の論文読解の現状とその類型を示す。その際は、実際に教師へインタビューを行い、論文読解の手続きを聞きとる。次に、単独論文、複数論文を取り上げ、各論文の構造分析を通して論文が内に示す当該領域における論文の位置付けや領域全体の枠組みを暴き出す。そして、実際に教師が行う論文解読と、その論文の構造を比較する。最後には、それを教材開発へ応用

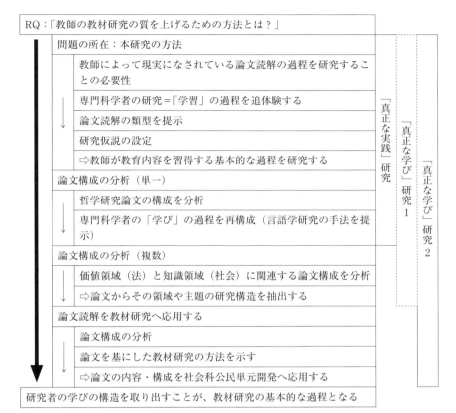

図3　「真正性」論文の論理構成　　　　　　　　　　　　（筆者作成）

する方略を具体的に示してゆく。教材研究を真正なものへするための論文読解の方略を実際の調査をもとに実態的に示し、論文が示す研究者の学びの構造を取り出すことが教材研究の基本的な過程であることを示す。現職教員が行う授業づくりの実態を検討する中で教材研究のあり方を示す研究である。

なお、氏は2000年代から研究方法を拡大してゆく。それまでは主に第1・2の様なドイツを中心とした文献の分析、およびそれらを基盤とした授業づくりが中核であった。中でも前半はハーバーマスやクーンらの研究の解釈・

22 第1章 社会観・教育観

応用にその中心を置く記述的推論をベースとした対象の概念などを抽出・説明する際に用いられる研究方法論であった。2000年代以降は、それらの基礎研究を授業実践とその解釈へと展開する。そこでは、日本及び英国など諸外国の授業実践、認識調査、教師へのインタビューなど、実証研究も含めた方法を展開し、授業や学習、そこでの実際の活動を取り込んだ動態的な研究を行う。これらは、調査研究に基づいた因果的推論をベースとした研究や、機能的研究としての経験的推論アプローチとして整理出来る。両者ともに目標の大枠は教育実践の分析・更新である。氏は、批判主義社会科教育論の構築から応用へとターゲットを推移させる中で、その方法も意図的に修正・拡大する。

3．目標論が内在する教育観及び社会観

（1）市民教育としてのカリキュラム論

次に上記から見える批判主義社会科論における目標の特徴、及びそこに根ざす社会や教育の観点を分析する。上に示した通り、氏は記述的推論の方法で教育・学習観を抽出する。例えば、1979年の論文「『批判的歴史授業』の構想」において、西ドイツの歴史教育論の分析を通して歴史教育の意義を以下のように述べる[9]。

> 歴史学習は、生徒が自らの関心において自律化したいと願っていながらも、社会の強制連関で苦悩しているという現在的状態に根拠づけられているのである。（中略）歴史は物的事象としての歴史ではなく、人間社会の産物として捉えた。我々はクーンから授業論を考える時、単に科学論だけでなく、それと結びついた社会理論が必要であり、それに基づいて授業が構成されねばならないことを学びとることができるであろう。（中略）批判理論の特色は個々人の生活世界の問題と科学や学問上の問題とを引き離さない点にある。（中略）批判理論は、科学的認識と単純に外界の模写だと考えるのではなく、人間が意識的に態度をとるこの生活世界に結びついた関心によって成立している。

この発想は1980年の論文「西ドイツ歴史授業モデル研究」でも同様であり、そこでも社会科歴史としての歴史授業の意義を以下とする[10]。

> 第1は子どもたちの生活上の問題を社会的問題に拡大すること、第2に現在の問題や主体認識のみに陥らないための予防、第3に子どもたちの生活状況の問題と過去の事象との連関は社会的問題を媒介することによってなされる。第4に主体認識の主観性を予防すること。

1982年の論文「社会科授業内容分析の理論」においても、「成年性」というハーバーマスの社会理論を援用し、「理想状態を確認した上で、その社会と理想状態との距離やその原因とがわかるようになる。この点を考察対象にすれば、人々が理想状態に至るためにはどのような行動をとればよいかが判明する」と述べる[11]。自身と理想としての社会の関係を捉え、両者を近づけることに目標を置くのである。このスタンスは以降も継続し、1990年の論文「精神科学的歴史教授学の独立性の問題について」において歴史教授理論の今日的意義として、①教育対象を学習主体においたこと、②学習対象は観念としての歴史、とし、歴史学者から教育学者へ師匠を変更したドイツの教育学者ヴェーニガーに語らせる形で歴史教育論の意義を論じる。また、1999年の「批判主義の社会科」においても社会科の目標を以下のように整理する。

> 市民的資質は社会の中に位置付けられた市民、あるいは社会を作り出す市民として必要な能力や態度である。このような能力や態度こそ、社会科が実質的に掲げるべき目標である。民主主義を社会編成原理にした現代社会の市民に必要な能力や態度とは自律した市民にとってのそれであり、その能力と態度は一言で言えば、批判であろう。

以上の様に、批判主義社会科教育論の原理は民主主義である。市民を理想の社会を作り出す主体と捉え、その育成を目指した市民教育としてのカリキュラムのあり方を示す。これは、内容や方法をベースとした教育論ではなく、民主主義を原理とした目標を中心に教育を考える論理である。すなわち子ど

もを社会内存在として位置付ける教育論であり、想定される社会は民主主義社会の理想形である。

（2）構成員教育としての公教育

しかし、上の特徴はともすれば社会への動員となる。それを避けるロジックが2点目の特徴である。例えば、2011年の論文「学校教育目標としての構成員教育」では、以下のように論じる[12]。

> 文化、科学、国家・社会の教育が入れ子型に組み込まれ、総合的に行われ、個々人によってつねに引き出され、使用可能になるように準備されねばならない。学校教育は、これらの教育を協働させ、文化や科学を用い、国家・社会の形成者を育成することが必要であり、それこそがシティズンシップ教育なのである。

ここでは、構成員教育を「社会に対する個々人の形成」「社会における個々人の形成」「社会と個人の関係」「個々人の社会に対する関係」の4点から、自主、自立・自律、公正な判断、平和と協同の精神の育成とともになされるべきと論じる。「規範意識」「公共の精神」の押し付けによる動員のための教育を避け、シティズンシップ育成を目指した教育の必要性を指摘する。このような視点は随所に示されるが、氏は80年代から90年代にかけて、主に歴史教育を用いてその論を展開する。1986年の「『実証史学』的歴史教育独立論の問題点」では、津田左右吉氏の歴史教育論批判を通して歴史教育における事実の問題を取り上げ、「事実選択の原理は、歴史的事実の側からは出てこない。選択原理は実は、事実を特定の視点の下で事実としているその視点にある」と論じ、歴史における史実の主観性と共に、歴史教育を通した注入教育の危険性を指摘する。このような構成主義的社会観を基に、2000年代以降は学習指導要領やグローバル教育などの社会的趨勢と重ねて論じ、2014年には構成員教育の類型を示す中でその多様性を論じる[13]。批判主義は社会の主体的形成へ積極的に関わる構成員の育成を目標とした教育論である。

しかしそれは、民主主義を原理に社会のあり方、及び社会と自身の関係を批判的に検討しながら、動員としての教育を避けるのである。

4．社会形成科社会科論の現代的課題と可能性

　社会形成科は、批判的社会科学の立場にたち、論争の中で公的公共圏の獲得を追究するものである。ハーバーマスの社会理論をベースとしたこの観点は、説明主義社会科へ対抗するものとして一定程度有効である。ここでは批判主義をその社会・教育の視点を軸に再度検討することで、その現代的課題と更なる可能性を探ってゆく。

　第1の課題は、公共圏への信頼が高いことである。結論を先んずれば、現代社会は公共圏が神話化しつつあるという問題性である。本教育論が想定している社会は民主主義社会である。そこでは、かつてのサロンのように民衆が集い、各々の集まりによる広く重ねた議論が社会や政治の妥当性を吟味・検討してゆくことを想定する。しかし、ジモトやムラなどの同質性に基づくコミュニティーが増え、そこへのコミットを「社会」とみなす人々へその社会を重ねることは難しい。同時に、旧来の公共圏からはみ出す、もしくは意図的にその枠組みを再構築する人々もいる。当該の教育論が想定する公共圏はあくまでも意識的にコミットをする人々を前提とした最大多数としてのそれである。しかし、氏は2014年の論文で旧来のシティズンシップ教育が内在している包摂・排除・寛容などの問題を指摘する[14]。また、2015年から特別支援教育を対象とした調査研究を始めている。そこでは明示的な言及は無いが、おそらく公共圏の拡大をも意図していると考えられる。ハーバーマスは公共圏の衰退という言葉で示すが、ユートピア的民主主義を前提とした議論には一定の限界がある。社会的排除の問題も踏まえ、多様なニーズを前提とした重層的な「厚い」社会を前提とした社会を想定することで、衰退してゆく公共圏の可能性をも含みこむ教育論が可能である。

　第2は、「社会」のレイヤー化である。本教育論は、学習内容が社会的に

基底されていることを重視し、それと社会の関係を問題視する。その上で、討議という方法で「真理」を定義してゆく。つまり、理想的発話状態をベースとした討議の規範性を前提とする。しかし、問題は社会が社会のみに基底をされていないことである。社会は一種のイメージで、それは様々な形で表出している。例えば、10歳と70歳が見る「社会」は同一ではない。当然、機能としての社会（政治、経済、法、宗教などを一定の枠組みで整理し、社会を維持し、そこで生きる人々の生活を機能させているという意味）は同一である。しかし、政治制度など、同一の対象でも見る主体の価値観や動機によりそれは異なる像となりシンボル化する。普遍化された「共通の社会問題」は存在しえず、旧来のサロンで為し得た共通の土壌による討議は原理的に不可能である。また、討議が導く「真理（合意を含む）」は社会システムの中に巻き込まれており、そこで問われる妥当性は一つの側面にすぎない。学習は社会がそのイメージを捉える主体により複層的に現象することを踏まえ、彼らの無意識的な思想や価値観をあぶり出し、彼らを社会に巻き込まれている対象として学習を組む必要がある。すなわち、社会をメタ的な客観ではなく、システムとして捉えた学習が求められる[15]。

　第3は、議論の限界である。議論は、論理的かつ合意を目指して絶えず更新することで妥当性を増すとされる。しかし、討議を行う主体は「間違う」可能性のある不十分な私たちであり、そこで繰り広げられる討議自体も社会的に埋め込まれている。同時に、議論は得手・不得手を含めて生徒間の地位を再生産する。すなわち、議論を修正・更新してゆく枠組み（討議を展開する主体と主体の関係）やそれを成立させる場も、社会的文脈に依存し、絶えずその文脈は更新され続ける。我々を巻き込んだ社会は、留保条件を用いても完全に相対化することは困難である。間主観性を言語によってのみ分節化し、そこに我々の行動や思考の全てを流し込むことは難しく、そこまで合理的に主観と主観の関係を捉えることは出来ない。我々はもっと複雑で非合理な思考を持ち、それは各々バラバラではないだろうか。議論という方法論を、そ

れが学習過程の中で非論理的かつ合意できないことを前提とした上で、妥当性を基準とせずに用いる必要があろう。その代案の一つは、原理としての対話である[16]。

　批判主義社会科は社会のリアルを捉え、それを学習へ取り込むところに特徴がある。目標は人間形成であり、その原理は民主主義である。上記３点は、批判主義の目標が内在する社会観・教育観を更新するための批判的検討であり、それは「現代社会のリアル」の了解可能性をより高めてゆくことを目指すものである。

（岐阜大学・田中　伸）

【註】

（１）ここでは池野氏の主に単著、及び筆頭で執筆をしている論文から目標に関する記述がなされているのを中心に抽出した。なお、同一目標を設定しているシリーズ論文については、その始めのものを選択した。

（２）池野範男「『批判的歴史授業』の構想－Ａ. クーンの歴史教授学－」日本教科教育学会誌４（２）、1979、75-82。

（３）池野範男「何に忠誠できるのか－シティズンシップのための教育」現代教育科学50(6)、2007、50-52。

（４）池野範男「社会科の可能性と限界：批判主義の立場から」社会科教育研究（104）、2008、6-16。

（５）池野範男他「学習困難の研究（１）　特別支援教育の使命と教科教育の在り方」広島大学大学院教育学研究科附属特別支援教育実践センター研究紀要（12）、2014、17-24。

（６）池野範男「批判的歴史授業の授業構成－認識過程と授業過程の結合について」史学研究（147）、1980、48-66。

（７）池野範男「社会形成力の育成－市民教育としての社会科－」『社会科教育研究別冊　2000（平成12）年度研究年報』、2011、47-53。

（８）池野範男「「真正な実践」研究入門：価値（哲学）領域の読解を事例にして」学習システム研究（２）、2015、1-10、池野範男「教師のための「真正な学び」研究入門：教材研究のための論文読解比較研究」学習システム研究（４）、2016、1-12、池

28 第1章 社会観・教育観

野範男「教師のための「真正な学び」の研究：第三年次の研究―教材研究のための研究論文の読解とその「真正な実践」への活用―」学習システム研究（6）、2017、1-12、池野範男「研究者の学びの真正性の活用―共同研究（第一年次～第三年次）の総括―」学習システム研究（6）、2017、79-84。なお、最後の論文は研究の総括論文であることから、分析からは省略する。

（9）前掲（2）

（10）池野範男「西ドイツ歴史授業モデル研究―『社会科歴史』の観点から―」社会科教育研究（43）、1980、45-55。

（11）池野範男「社会科授業内容分析の理論」社会科研究（30）、1982、73-83。

（12）池野範男「学校教育目標としての構成員教育」現代教育科学54（2）、2011、17-19。

（13）池野範男「グローバル時代のシティズンシップ教育：問題点と可能性：民主主義と公共の論理」教育學研究81(2)、2014、138-149。

（14）同上。

（15）社会をシステムと捉え、学校と子どもがそこに巻き込まれていることを前提とした教育論は、田中伸「コミュニケーション理論に基づく社会科教育論―「社会と折り合いをつける力」の育成を目指した授業デザイン―」社会科研究（83）、2015、1-12参照。

（16）田中伸、Amber Strong Makaiau「探究学習にみられる対話の原理―グローバル時代における社会科教育研究方法論の提案を通して―」社会科教育研究（134）、2018、72-85。

1-3　めざす市民像

社会科の本質に関する原理的・実践的研究の展開
―民主主義社会を担う市民としての資質・能力とその育成原理・方略―

1．社会科の基本的性格

　社会科教育とはどのような教科なのかといった社会科の基本的性格に関する議論は多様であり、様々な社会科論が提起されるとともに、教育実践にも大きな影響を与えてきている。社会科論の多様性の背景には、それが前提とする社会観や教育観、社会科と社会との関係に関する考え方、育成を目指す人間像（国民像、市民像など）等の違いがあり、それらの違いが社会科の方法原理、内容原理、目標原理の違いに結びついているととらえられる。

　池野は、これまでの研究をふまえ、社会科論を大きく二つに分けて整理している[1]。一つは教科主義的社会科論、もう一つは実用主義的社会科論である。さらに、前者は教養主義的社会科と科学主義的社会科とに、後者は生活主義的社会科と社会批判主義的社会科とに整理し、それぞれの特質を説明している。このような社会科論の類型は、池野自身の社会科論の提起となる批判主義の社会科においても基本的に踏襲されている[2]。

　教養主義的社会科は、人間が獲得した知識総体を文化としてとらえる。文化はこれまでの社会において培われてきたものであり、文化を学ぶことでその社会に適合し、その社会を継承していくための有意な人間として育てていくことにつながる。特に、国民教養主義の立場からとらえるならば、国民として必要な知識を提供することで国民としての態度を形成するのが社会科ということになる。この考え方の社会科では、望まれる態度を基準にして必要とされる知識が選択されて教えられることになり、その結果として望まれる

国民の育成がめざされることになる。このタイプの社会科が育てたい人間像は、既存の社会（国家）にうまく適合し、それを継承していけるような社会（国家）の一員ということになる。

科学主義的社会科は、社会科学の知識を重要と考える。社会科学の知識は、社会に関する事実的知識とそれらの因果関係などを説明するためにこれまでの研究で積み重ねられてきた理論的知識で構成される。理論的知識は、個人の主観を乗り越え、社会についての客観的な説明や合理的な判断を保証する機能を有する。科学主義的社会科は、人間社会を研究対象とする社会科学の成果としての理論的知識を教授し、社会について合理的な説明や判断ができるようにすることをめざす。このタイプの社会科が育てたい人間像は、社会について合理的な説明や判断ができるような人間ということになる。

生活主義的社会科は、社会生活において個人が直面する切実な問題を取り上げ、その解決に必要な情報や知識を調べ、それらを活用して考え、解決策を判断するような活動を重視する。そのような活動で考え出された解決策は、実行に移したとしたら、あるいは実際に実行したときには、新たな問題を生じることになる。このような問題解決の連鎖は、現実の日常生活の中でも行っている活動であり、より良い問題解決ができるようになることで、より良い社会生活を送ることができるようになることが、生活主義的社会科ではめざされている。このタイプの社会科が育てたい人間像は、よりよい社会生活を送るために必要な問題解決能力を持った個人ということになる。

しかし、池野によれば、これら三つの社会科論は、あるべき社会科の姿としては否定される。それは、これらの社会科論が民主主義社会において求められる市民的資質を育成するものになっていない、あるいは不十分なものであるという理由からである。

これまで見てきたように、望ましい社会のあり方が育てたい人間像を形作り、望ましい社会科論を規定する。したがって、どのような社会科論が望ましいのかを判断する基準は、望ましい社会のあり方ということになる。その

望ましい社会のあり方とは、民主主義社会・市民社会である。民主主義社会を前提とするならば、民主主義社会の市民としての資質・能力を育成するものになっているかどうかが、あるべき社会科を判断する基準となる。

　では、これら三つの社会科論は、どのような点が課題だと池野は主張するのであろうか。この点を考えるには、その前提となる民主主義社会をどのようなものととらえているのかについて触れておく必要があるであろう。

2．民主主義社会観と育成をめざす市民像

　民主主義社会とは、社会を構成するメンバーがその社会を支配している社会のことであり、そのような政治体制のことを民主政とよび、そのような考え方・思想を民主主義と呼んだりする。民主主義社会では、その社会のルールや制度は主権者と呼ばれる構成員によって直接的・間接的に作られ、運用されている。社会の構成員は、それぞれが自らの幸福の構想を抱いており、それらは、他者の幸福の構想を不当に侵害しない限りにおいて、最大限に尊重されることが望まれる。このように、民主主義社会は、基本的には価値多元社会である。そのような中で、社会のルールや制度などについての議論が行われ、得られた合意によってルールや制度などが決められる。

　しかし、時と共に主権者は少しずつ入れ替わり、新たな幸福の構想や価値観が主張される。また、同じ人物の中でも幸福の構想が変化したり、価値観が変わったりすることで、これまでの合意に変更を求めるようなことが起きてくる。過去の合意である既存のルールや制度などについて、問い直しが要求されることになる。このように、民主主義社会においては、社会のルールや制度、それらの背景にある主張や考え方などについて、その合理性や正当性についての問い直しが求められ、その問い直しに対して常に開かれていることが求められる。言い換えれば、ルールや制度、主張や考え方などは、合理性と正当性について、常に批判にさらされている必要があるのである。

　また、社会のルールや制度などがその合理性と正当性について常に批判に

さらされており、その問い直しの可能性に常に開かれているということは、新たな幸福の構想のもとにそれらの問い直しを要求する者に対して、その合理性と正当性を担保する形で批判や問い直しを遂行する能力を要求することにもなる。社会のルールや制度などは、基本的にはその社会の全ての構成員を拘束し、影響を及ぼすものである。したがって、社会のルールや制度などの問い直しや変更を要求する場合、単なる個人的な理由に基づく主張をするだけでは不十分であり、社会における合理性と正当性を社会の他の構成員にも納得が得られるように主張するような能力が求められるのである。

　池野は、民主主義を社会編成原理にした現代社会の市民に必要な能力や態度とは自律した市民にとってのそれであり、その能力や態度は一言で言えば、批判であろう、と述べている[3]。民主主義社会は、その構成員によってその社会のあり方が決定・変更される社会であり、その決定・変更は、合理性と正当性についての批判的議論に基づく合意によってなされなければならない。民主主義社会の市民に対しては、そのような批判的議論を遂行する能力が求められる。民主主義社会において求められる市民像は、まさにそのような能力を有しており、かつそれを適切に発揮して遂行しようとする態度を有している市民なのである。民主主義社会の社会科教育は、自律した市民として、このような能力と態度を育成することが求められているのである。

3．これまでの社会科論が育てる市民像

　以上のように民主主義社会を規定し、民主主義社会において求められる市民像をとらえた場合、先に挙げた三つの社会科論はどのような課題を持つことになるのだろうか。池野の論は次の通りである[4]。

　教養主義的社会科は、基本的には既存の社会を文化として教える構造になっている。既存の社会が合理的で正当なものという前提で内容が選択され、ともすれば無批判的に教えられる。特に、国民教養主義の立場の社会科論は、国民として望ましい態度を基準にして必要とされる知識が選択され、知識の

学習を通じた態度形成を行おうとする構造になっている。このような社会科は、たとえ学習者に思考、選択・判断させたとしても、先だって決定され設定されている態度が学習者の決定を方向付ける隠れた先決主義になっていると、池野は批判する。このタイプの社会科は、学習者に実質的な社会的決定をさせない構造になっており、合理性と正当性についての批判的議論に基づく自らの異議申し立てを行い、社会的議論によって解決をはかっていけるような自律的な市民の育成をしない構造になっている。

　科学主義的社会科は、基本的には社会科学の成果としての科学的知識を教える構造になっている。池野は、科学主義の社会科論は、事実的知識と価値的知識の関係づけにおいて２つに分かれるとしている。一つは事実的知識と価値的知識を完全に分離し、科学によって保証することができる事実的知識に教授対象を限定する分離主義の考えである。もう一つは事実的知識に用いられる科学の論理を価値的知識にも応用することで両者の知識を関連づける技術主義の考えである。前者の分離主義の考えでは、社会の複数の事実の関係について、解釈や理論として合理的に説明をすることで科学化をはかる一方で、価値的な判断が求められる社会的な問題についての選択・判断については合理性が担保できないため、社会科では扱わないという方略をとる。その結果、社会的な価値判断は、個々の学習者に任される形になってしまい、民主主義社会が望む、社会の問題に対して批判的に議論して解決をはかっていけるような資質・能力を有する市民の育成は、担わないことになってしまう。後者の技術主義の考えでは、事実の領域に関する合理的な判断を価値領域にも持ち込むことで、科学性を担保しようとする。社会の事実やこれまでの価値判断の中で、科学者や専門家が合理的に判断した（判断したように説明できる）構造を持つものを内容として取り上げ、教える形をとることになる。いわば、科学者や専門家の合理的な判断を一種のモデル、あるいは技術として学習させるものになっている。確かに、合理的に判断できるものについては専門的判断に即して合理的な判断ができる一方で、そうでないものについ

34　第1章　社会観・教育観

ては結局は個人の判断に任されてしまう結果となる。

　生活主義的社会科は、基本的には社会生活上の問題解決を行う構造となっている。個人の問題だけでなく、社会の問題も個人の切実な問題として設定し、事実と価値の領域の問題を結びつけ、問題解決を図る活動が中心となる。このような社会科は、社会の問題を取り上げ、事実と価値の双方を結びつけて考える力を伸ばしつつも、その解決が社会の他の人々との間で行われるのではなく、あくまで個人のレベルの判断によって行われるので、社会的な議論において吟味された公共的な判断には至らないと池野は批判する。このタイプの社会科は、社会生活上の問題に対して個人的決定に留まるような構造になっており、合理性と正当性についての批判的議論に基づく自らの異議申し立てを行い、社会的議論によって解決をはかっていけるような自律的な市民の育成をしない構造になっている。

4．批判主義の社会科・市民社会科と市民像

　池野が主張する民主主義社会における社会科論は、批判主義の社会科、もしくは市民社会科である[5]。本稿では、批判主義の社会科を中心に、その社会科論について明らかにしていく[6]。池野は、批判主義の社会科について、次のように説明する。批判主義の社会科は社会の具体的な現象における問題を取り上げその問題を具体的な形で批判的に解決する活動の中で、子どもたちに社会に対する批判意識を形成し、根拠を持って理性的に社会を形成することをめざす。池野は、社会を批判的につくっていくという民主主義社会の原理を教科の教授原理に据えることで、社会科を民主主義社会の市民を育成しうる教科になると主張している。

　批判主義の社会科についての具体的な単元構成や、そこに組み込まれている学習原理や社会形成としての批判教授の論理については、ドイツの前期中等教育用の教材である『中等政治的陶冶』シリーズの分析を通じて説明している。本シリーズでの学習活動は、議論を通じた社会問題の分析と合理的で

社会科の本質に関する原理的・実践的研究の展開　　35

正当化可能な解決策の構築であるが、その学習活動は、社会的問題解決の原理と批判的研究の原理の二つから成り立っていると池野は分析する。学習活動は、クラスの中で疑問を喚起して問題を作り出し、その原因、社会的機能、歴史的形成について学習し、現在論争されている問題に対して一定の結論を引き出し、最後に生徒相互において根拠を持って何が主張しうるのかを吟味しながら可能な答えを作り出す形をとる。このような活動こそが、批判的議論による社会への異議申し立てと社会的議論による合理的で正当化可能な解決策の構築という民主主義社会の自律的市民に求められる活動であると言える。

　しかし、意見や価値観が対立するような社会的論争問題について合理的な討論を行うためには、何らかの判断基準が求められる。その判断基準は、なぜそのような社会的論争問題が生じているのかを探求する事実レベルでの合理的な理由付けと、その社会的論争問題は社会のどの部分をどのように変更することで解決することが可能かを追究する価値レベルでの正当化を行うことで、生徒達が作り出していくことになる。前者の事実レベルでの合理的な理由付けは、トゥールミン図式でいうところの（D－W－C）の部分、後者の価値レベルでの正当化は（D－(W) B－C）の部分に示される。

　生徒達が社会的な議論によってこのような構造をつくり出すことができたとき、社会を形成するときに基盤となるものを、その構成員である生徒達が互いの議論によって作り出すことができたということになる。そのような議論によって作り出されたものは、合理性と正当性が保証された判断基準ということになり、トゥールミンの議論の構造の形で明示化される。この明示化されたものを共通の判断基準としてもちいることによって、問題解決の主張を正当な根拠を持って合意可能な形で示すことが可能になる。このような社会的論争問題の解決によって、新たな秩序が合理性と正当性が保証された形で作り出されることになり、このことは、まさに社会を互いの議論によって作り出した（作り替えた）ということになる[7]。

36   第1章　社会観・教育観

　このようなプロセスは、社会の構成員によって社会を批判的に認識し、根拠を持って新たに作り直す過程であり、ドイツの本シリーズを特徴付けている理念として、「批判的（対抗的）公共性」が挙げられている。池野は、批判的公共性にしたがって社会をわかるということは、現実の社会に現れている問題を指摘してそれを克服し、それに代わるものを論拠をもって建設的に作りだし、現実の社会の革新を進めることだとする。このような学習プロセスの積み重ねによって、社会を在るがまま受け入れるのではなく、社会を批判的にとらえ、社会の側から操作されないような自立的な市民、成熟した市民を育成することができるようになるとしている。そして池野は、これこそが、本来民主主義社会で追究されるべき社会科の人間像であり、批判主義の社会科の基本理念であるとしている。

　池野は別の稿で、市民社会科を次のような定義で簡潔に示している[8]。市民社会科とは、「社会の構成原理にもとづいて、社会秩序を批判的に作り出す教科」だとされる。市民社会科は、社会の構成原理や批判をその方法とし、社会秩序をその内容としている。社会の秩序を内容にすることは、私たちがつくり私たちを規定している社会の秩序を社会の要素間の関係や構造として、子どもたちに見えるようにするとともに、社会の秩序がつくり得る、変更しうるものであることを教えることになる。市民社会科の目標原理は、社会秩序の構成と再構築だとされる。学習者が、社会は在るものではなく作られているものであるということを実際に議論などを通じて社会をつくることを経験することで認識し、私たちがつくり出す社会が私たちの社会であるということを理解できるようにすることがめざされる。

　批判主義の社会科、市民社会科が育成を目指す市民像は、社会における決定や変更を合理性と正当性についての批判的議論に基づく合意によってつくり出せるような資質・能力を持つ市民である。自らの議論によって社会秩序を構成し、異議申し立てに対する合理的で正当な議論に基づく社会秩序の再構成を他の社会の構成員と共同的に担うことができるような市民である。

5．理想の市民像と現実——更なる研究——

　池野が示している民主主義社会の市民像は、民主主義社会における社会科教育が育成を目指す理想的な市民像でもある。しかし、市民社会科の教育を受けた全ての者がこのような理想的な市民としての資質・能力を身につけ、民主主義社会の形成者として行動できるようになるかといえば、それは難しいであろう。現実の市民の実情は、資質・能力の育ちには小さいとはいえない差があるのが現実であり、その資質・能力のその時点での到達点の差が、現実の社会においては大きな影響力を持つことになると考えられる。

　民主主義社会は、基本的には資質・能力を有する自律した市民（強い個人）の存在を前提にしているといわれる。池野が提唱する批判主義の社会科も、まさに民主主義社会を担いうる自律した市民としての資質・能力の育成をめざしている。基本的には、社会科教育によって1人でも多くの者が議論による社会形成の主体として社会を担いうるような資質・能力を身につけ、強い個人として社会を担って欲しいと考えていることが想定できる。

　しかし、実際には批判主義の社会科、市民社会科の実践を行ったとしても、学習者が一様に資質・能力を伸ばすことができるかといえば、それは難しい事であろうと思われる。池野は、単に民主主義社会を担う理想的な市民像を示し、そのような市民をどのように育成するかという社会科論を提起するだけではなく、現実に生じるであろう資質・能力の差に対して、社会科教育がどのように対処するのかという点についても研究を進めていると考えられる。

　その1つは、池野が向上主義的学力論と呼んでいる学力・評価論研究であろう。池野は、これまでの教育の学力・評価論は、基本的にはブルームの学力構造の考え方に依拠したものであるとしている。ブルームの考え方は、教育目標を要素に細かく分けたり分解したりするなどして達成可能なものとすることで、評価も可能なものにしているが、それは目標の中の一部の要素や部分が達成できただけであり、目標の全体が達成できたかどうかは把握でき

ないとしている[9]。また、現在の教科教育研究における主な評価研究は、個々の子どもが一定の目標に到達したかどうかを調べる到達度の評価が主流であり、学習の成果として子どもがどの程度成長したのかということに目が向けられていないと指摘している。その上で、社会科教育における学力評価は、目標に到達したかどうかということではなく、できなかったことがどの程度達成できるようになったのかということを総合的な資質・能力としてとらえていくことが重要であると主張されている[10]。これは、形成的評価の考え方であり、学習の終着点だけを静的に測定するのではなく、学習の前後での学習者の質的変化を動的に把握しようとするものである。この点が、向上主義的学力論と池野自ら呼んでいる所以であろう。このような考え方は、個々の学習者の成長を丁寧に看取るということであり、民主主義社会における理想的な市民の育成という市民社会科論が抱える現実の資質・能力の差というものを克服しようとする上で、重要な考え方であると思われる。

　もう一つは、学習困難の研究である[11]。これは特別支援学校用社会科教科書と通常学校用社会科教科書とを比較し、学習におけるつまずきや困難な状況に対して、特別支援学校用教科書がどのように対応しようとしているのかを明らかにした研究である。内容の詳細には踏み込まないが、この研究から得られた示唆として、特別支援教育に限らず、「誰もがわかる、誰もが学ぶことができる」教科教育を実現するためには、どのような学校においても学習困難への対応が求められるとしている。市民としての資質・能力の向上を阻むものを明らかにしつつ、向上を促すための具体的な手立てを考えるという視点が、理想的な市民を育てようとする市民社会科にとって、重要なものとなる。

6．おわりに

　批判主義の社会科、市民社会科が育成をめざす市民像は、社会における決定や変更を合理性と正当性についての批判的議論に基づく合意によってつく

り出せるような資質・能力を持つ市民、自らの議論によって社会秩序を構成し、異議申し立てに対する合理的で正当な議論に基づく社会秩序の再構成を他の社会の構成員と共同的に担うことができるような市民であった。このような資質・能力には完成形、あるいはゴールというような達成地点というものは存在せず、絶え間ないスパイラル的な向上がもとめられるものであろう。その意味では、日常の社会における議論や問題解決も実践的な学びの場であり、民主主義社会の理想的な市民へと近づく機会であると言える。

（宮崎大学・吉村功太郎）

【註】
（1）池野範男「社会科の基本的性格」星村平和編『社会科授業の理論と展開』現代教育社、1995、pp.10-15。
（2）池野範男「批判主義の社会科」全国社会科教育学会『社会科研究』第50号、1999、pp.61-70。
（3）前掲（2） p.62。
（4）前掲（2） pp.61-62。
（5）池野範男「市民社会科の構想」社会認識教育学会『社会科教育のニュー・パースペクティブ』明治図書、2003、pp.44-53。
（6）前掲（2）。
（7）なお、社会を作り出す議論を行う時の判断基準として、池野は別の稿では「市民が共通して依拠することができるものは日本国憲法に示された普遍的価値だけである」と述べ、「討議の中でこの価値を正当性の根拠として選び取っていく」というように、判断基準の内実について一歩踏み込んだ見解も示している。池野範男「社会形成力の育成－市民教育としての社会科－」日本社会科教育学会『社会科教育研究　別冊　2000（平成12）年度　研究年報』2001、pp.47-53。
（8）前掲（2）。
（9）池野範男「新しい社会科学力　読解力を鍛えるテスト問題1～12」『社会科教育』2006年4月～2007年3月、明治図書。
（10）池野範男・渡部竜也・竹中伸夫「認識変容に関する社会科評価研究(1)」広島大学大学院教育学研究科附属教育実践総合センター『学校教育実践学研究』第10号、2004、pp.61-70。

(11) 池野範男・岡田了祐・宛彪・渡邉巧・若原崇史・横山千夏・能見一修「特別支援学校用教科書『くらしに役立つ　社会』の分析（Ⅳ）：研究総括―学習困難の研究(5)」『広島大学大学院教育学研究科附属特別支援教育実践センター研究紀要』第14号、pp. 69-76、2016。

第 2 章　研究方法論

2-1 規範的・原理的研究

「社会形成科」「市民社会科」の課題
―「指導論」の必要性―

1．規範研究としての「社会形成科」「市民社会科」

　池野範男の諸論を「規範研究」として位置づけ論じる場合、氏のどのような研究がそれに当たるのか、直感的に思い当たるのが、「批判主義の社会科」[1]であり、「社会形成科」[2]であり、「市民社会科」[3]であろう。「批判主義の社会科」では、社会科の目標論の解釈批判、つまり、「社会認識」と「市民的資質」を分けて設定し「並列関係」に置くことの問題性の指摘であり、かつ、従来の「問題解決」や「理解」といった社会科教育論の実践上の「欠陥」を指摘しつつ、それ以上に従来の社会科が子供たちに「社会」を学ばせていないこと、子供たちと「社会」との「関係」を作り上げる教科になっていないことの問題性を論じていた。そして、子供たちと「社会」との「関係」を作り上げる方略として「批判主義的アプローチ」を提唱し、社会科（授業・カリキュラム）において「批判」を基盤にすることの大切さを説いた。また、「社会形成科」論では、「社会を作る社会形成の論理」を社会科教育原理として位置づけ、「批判的デモクラシー」すなわち、「十分な情報にもとづく熟慮と公開の討議によるテストのふるいにかけられた上で形成される公共的価値判断による社会的意思決定」[4]を行う「自律的市民」の育成こそが「社会の論理に基盤をもつ社会科」としては重要であり、「社会形成科」の目標として「自律的判断と合理的共同決定を行う社会形成力」[5]の育成を、その内容として「社会問題の解決の妥協・調整」[6]を、その方法としてトゥールミン図式で「見える化」した「議論の論理に基づく公共圏の形成」[7]を、

44 第2章 研究方法論

それぞれ位置づけた。池野範男の「社会形成科」は、その内容を「科学的な理論や概念」ではなく、「規範」「価値」「方法」「ルール」といった内容を射程に入れ、「一人一人が他者と共同して社会を作り出す力」の形成が市民にとって重要な力として位置づけ、「市民社会科」の理論的構築を図ったのである。池野範男による「社会形成科」「市民社会科」の理論は、現在の日本において、インバウンドの外国人の定住化を促進すべく目標値を設定する地方自治体が生まれてくるなど、過去には考えられなかった時代状況になり、かつ、後述するが、多様な価値観を持つ人々の顕在化を念頭に社会が価値多元化する方向の中で、「社会形成科」「市民社会科」は「古くて新しい社会科論」として位置づけられ、かつ、その研究の意義は現代の社会的背景を踏まえ、益々重要になってきている。

2．規範研究としての「社会形成科」「市民社会科」のその後の展開： 規範研究の「延長」と開発研究の隆盛

池野範男の「社会形成科」「市民社会科」論を「規範」にした研究は、田中伸の「コミュニケーション理論に基づく社会科教育論」[8]や渡部竜也の「社会問題提起力育成の社会科教育論」[9]があるし、吉村功太郎の「合意形成社会科教育論」[10]や尾原康光の「自由主義社会科教育論」[11]は池野範男の研究と関連付けが可能であるし、服部一秀の「社会形成科社会科」[12]などは池野範男の研究と関連する研究として取り上げられるだろう。また、筆者がこれまで行ってきた「ルール形成としての法関連教育」[13]の一連の研究も、池野範男の理論を規範にした研究であった。「社会形成科」「市民社会科」を下敷きにした「開発研究」もその後、積極的に展開されており、池野範男は授業開発研究を歴史学習[14]で行ったが、やはり、開発研究の中心は（現代）社会の問題であり、池野範男が指摘しているようにその社会問題を選択する原理になるのは「市民が共通して依拠することができるものは日本国憲法に示された普遍的な価値」[15]に関わる社会問題ということになる。筆者は、かつ

て、「外国人参政権問題」[16]を授業化した。この問題は、「国民主権原理」（「国籍」を有する国民が参政権を持つべきとする考え方）と「人民主権原理」（その国に住む「住民」が参政権を持つべきとする考え方）といった法原理が対立関係にある問題で、「国民国家型シティズンシップ」の育成なのか「脱国民国家型シティズンシップ」[17]の育成なのか、どちらを選択するのか、いや、どちらでもないのか、といった市民性育成の「境界問題」でもあった。法原理に基づいて、意見を構築し、その意見対立を克服するためにどのような合意形成が図れるのか、いや、図れないのか、その「妥協や調整」をトゥールミン図式で「見える化」した授業であった。これに類する社会問題学習がこの間、開発・実践されてきた。「社会形成科」「市民社会科」の諸論は社会科教育学の研究分野に一石を投じたと言っても過言ではないだろう。

3．新科目「公共」の成立と「社会形成科」「市民社会科」との関連

　「批判主義社会科」「社会形成科」「市民社会科」の議論がなされてきたこの間、約20年の時を経て、2018年3月高等学校学習指導要領が告示され、新科目「公共」が高等学校公民科において必履修科目として開設された。「公共」は「法社会科」[18]と位置づけることも可能な「法を基盤にした社会問題科」として整理できる科目である。今後、「公共」の中で、「社会形成科」「市民社会科」の理論を踏まえた実践も可能だと筆者は考えている。では、具体的には、「公共」の何が「社会形成科」「市民社会科」の実現を可能にする内容・方法だと言えるだろうか。他方、「公共」と「社会形成科」「市民社会科」との違いはどこにあるのだろうか。この点について、「公共」の目標から考えてみたい。「公共」の目標は次のように3点に整理されており、(1)は知識・技能、(2)は思考力、判断力、表現力等、(3)は学びに向かう力に関する目標である。

　　(1)現代の諸課題を捉え考察し、選択・判断するための手掛かりとなる概念
　　　や理論について理解するとともに、諸資料から、倫理的主体などとして

活動するために必要となる情報を適切かつ効果的に調べまとめる技能を身につけるようにする。

(2)現実社会の諸課題の解決に向けて、選択・判断の手掛かりとなる考え方や公共的な空間における基本的原理を活用して、事実を基に多面的・多角的に考察し公正に判断する力や、合意形成や社会参画を視野に入れながら構想したことを議論する力を養う。

(3)よりよい社会の実現を視野に、現代の諸課題を主体的に解決しようとする態度を養うとともに、多面的・多角的な考察や深い理解を通して涵養される、現代社会に生きる人間としての在り方生き方についての自覚や、公共的な空間に生き国民主権を担う公民として、自国を愛し、その平和と繁栄を図ることや、各国が相互に主権を尊重し、各国民が協力し合うことの大切さについての自覚などを深める[19]。

「公共」の目標から読み取れることは、「知識」としての「選択・判断するための手掛かりとなる概念や理論」の理解の重視、「技能」としての資料活用能力の育成、「思考力、判断力、表現力」としての「現代社会の諸課題」の解決に向けて事実を基にした議論する力の育成、この3点に尽きる。また、「議論する力」においては、「公共的な空間における基本的原理」等を活用して、考察、判断することが生徒個々に求められている。「公共における見方・考え方」としての「幸福」「正義」「公正」の他、「公共」では「公共的な空間における基本的原理」として、「人間の尊厳と平等、個人の尊重、民主主義、法の支配、自由・権利と責任・義務など」[20]を位置づけている。これらは、(憲)法原理に関わるいずれも重要な概念ばかりであり、(憲)法原理に基づいて社会的な論争問題の解決の在り方を生徒個々が考察し、判断することが求められており、故に、「公共」は「法に基づく社会問題科」としての整理が可能になるのである。(1)や(2)の目標と照らし合わせれば、内容論的には、「社会形成科」「市民社会科」に近い新科目と「公共」を位置づけることが出来よう。他方、(3)に示される「公共的な空間に生き国民主権を担う

公民として自国を愛する」といった目標設定は、「社会形成科」「市民社会科」では相容れない。「社会形成科」や「市民社会科」は、国民ではない「市民」も含めた多様な立場の人たち（他者）を包含する「異質性を基盤にした新しい社会科論」[21]であり、「市民が形成する社会科論」だからである。その「市民」としての子どもたちには、先述したように日本国憲法に示されている普遍的価値への忠誠心を育てる中で、自身が社会を形成する態度や自覚を育てていくことが重要になる。すなわち、「市民」として「社会」を批判的に検討し、普遍的価値に基づいて改革していく自覚や態度の育成が「社会形成科」や「市民社会科」では肝要である。日本の教育制度上、「市民」の育成を目標にしてはいないため、致し方ない側面もあるが、態度論的には「公共」と「社会形成科」「市民社会科」は異なると整理できる。

４．「社会形成科」「市民社会科」の研究の充実のために：「規範研究」と「開発研究」の間をつなぐ「指導論」の展開の必要性

　先述したように「公共」は「社会形成科」「市民社会科」とは態度論的には異なるものの、内容論的には類似した科目と言える。「社会形成科」「市民社会科」の研究をさらに発展させていくことこそが、「公共」の授業研究を進めていくことになり、その結果、研究の相乗効果をもたらすと筆者は考えている。では、そのためには、具体的に「社会形成科」「市民社会科」においてどのような研究が必要になるのか。筆者は、「規範研究」と「開発研究」の間をつなぐ「指導論」の研究が必要になると考えている。筆者が考える「社会形成科」「市民社会科」における「指導論」とは、生徒が「社会問題の解決・調整」を図るための能力をどのような段階を追って形成していけば、よりその能力を高めていくことが出来るのか、といった「段階論的指導論」と、どのような「視座」を持って「問題の解決・調整」に当たることがより「自律的判断と合理的共同決定を行う社会形成力」を育てることになるのかといった「内容論的指導論」の二つである。前者については、既に、「死刑

制度の是非」をテーマに授業を展開する場合に、「事実の吟味」や「理由付けの吟味」「理由付けの裏づけの吟味」を授業の展開の中で効果的に入れるといった指導を丁寧に行うことにより「議論」をする力の段階的育成につながると論じた[22]。「議論する力」の高い力量は、「問題の解決・調整」を行う力を結果として高めていくことにつながる。本稿では、後者、すなわち、「内容論的指導論」について考察したい。「内容論的指導論」とは具体的には、「社会形成科」「市民社会科」として社会問題を取り上げて学習する場合に、生徒にどのような「視座」を取り入れれば、より質の高い問題の解決につながるのか、といったことを示すものである。「公共」では、「公共の見方・考え方」等を取り上げ、それを活用することを求めている。そこで取り上げられている概念や理論をどのように各授業の中で入れていけば良いのか、といった点も「公共」における「内容論的指導論」の範疇になるだろう。これまでの「ルール形成＝社会形成」を目指す法関連教育では、「ルールづくり」において、「ルールづくり」の方法知として「目的の合理性と手段の相当性」「立場互換性」「解釈の一定性」「平等性」「明確性」などを取り上げ、その方法知に基づいて生徒に考察・判断させていた[23]。ここで提示されている視点も、生徒が社会問題を考察し、ルールを形成する際に必要になる「視座」である。

　つまり、「内容論的指導論」では、授業で生徒が用いる「視座」の内容をより具体的に吟味し、学習場面にどのように位置づけていくのかについて検討することを意図している。本稿では、その「内容論的指導論」の「視座」を具現化するために、井上達夫や滝川裕英の理論を事例に考察していきたい。

5．「社会形成科」「市民社会科」の「内容論的指導論」：井上達夫、滝川裕英の所論を事例にして

　滝川裕英は、「公共性のテスト」[24]の中で、「公共的理由」の正当化の「条件」を示しているが、まさしくこれは、社会問題を考えていく上で必要な

「社会形成科」「市民社会科」の課題　49

「視座」を提供してくれる。具体的には、例えば、次のようなものである。

○「公共的理由テーゼ」……「ある公共的決定が正しいのは、その決定が公共的理由によって正当化される場合である」

○「普遍化可能性テーゼ」……「ある公共的決定が正しいのは、その決定が普遍化可能な理由によって正当化される場合である」

○「普遍化テスト」……「Aが×することが正しいのは全ての人が×することをAが受容できる場合である」

○「自己例外化の禁止」

○「ただのりの禁止」

　このような「視座」はいずれも、社会問題の解決の在り方を考える上で重要な視点になる。ただ、その内容をそのまま指導に取り入れると形式的な学習に陥る可能性がある。つまり、「普遍化テスト」であれば、「全ての人」をどのように捉えれば良いのか、「受容できない人は誰なのか」について考えていくことになる。このような「考え方」を具体的に指導の際に問いの形式として組み込んでいくことが重要になるだろう。他方、井上達夫は、特に「反転可能性」について社会問題を考える上で重視している[25]。「反転可能性」とは次のような考え方である。

○「反転可能性テスト」……「AがBに対して×することが正しいのは、BがAに対して×することを受容できる場合である」

○「拡張された反転可能性テスト」……「AがBに対して×することが正しいのは、AのBに対するのとパラレルな関係をAに対して有するCがAに対して×することを、Aが受容できる場合である」

○「立場交換のテスト」……「AがBに対して×することが正しいのは、AがBに対して×することを、AがBの立場に立ったときに受容できる場合である」

○「二重基準の禁止」

　井上達夫は、「反転可能性テスト」を事例にする場合、「原発問題」や「ア

メリカ軍沖縄駐留問題」などを取り上げて説明[26]するが、これも指導レベルでは、形式的な問いに陥らないように工夫したい。「○○の立場」に立つ時、受容できるか否かについては、相当な事実関係に基づくさらに、その価値観に基づく判断に対する「想像力」が必要になる。「多様な境遇にある人々の問題であるだけでなく、多様な価値観を持つ人々の問題」にもなる[27]。現代では、エスニック、宗教、フェミニズム・ジェンダー、性的指向[28]がその問題の「想像力」を高めることを生徒自身に欠如させるだろう。生徒の「想像力」を補うための教育的支援は欠かせない。また、そもそも現実的に全ての「立場」を扱うことは難しい。実は、社会問題の解決の在り方は、「それぞれの立場（アクター）」の考え方を精密に分析できるかにかかっている。

　　○「公開可能性テーゼ」……「ある公共的決定が正しいのは、その決定が公
　　　開可能な理由によって正当化される場合である」

　公開可能な理由でないと第三者からの評価は難しい。この視座も授業を行う上で重要な視点になるだろう。

　以上のような「視座」の導入の検討の他、「対話的正義論」として位置づけられる「社会形成科」「市民社会科」において授業は、「言語能力と行為能力をもつ主体は誰でも討議に参加してよい」「各人は、どんな主張でも問題化してよい」「各人は、どんな主張でも討議に持ち込んで良い」「各人は、自分の態度、願望、欲求を表明してよい」「いかなる発話者も、討議の内外を支配する強制によって、これまで示した自分の権利を主張することを妨げられてはならない」[29]とする「条件」の下で進められる必要がある。なぜなら、多様な価値観を有する生徒が「何を（社会）問題」と考えるのかは前述の「条件」の下で言語化され「自由な空間」で発話されなければ、誰も知るよしもないからである。これまで教師は、社会的論争問題を主題として設定してきた。そもそもそのような学習プロセスの是非が検討される必要がある。今後は、社会問題の選択のプロセスも丁寧に指導していくことが重要になる

だろう。

（福井大学・橋本康弘）

【註】
（1）池野範男、批判主義の社会科、社会科研究、第50号、1999年、pp. 61-70。
（2）池野範男、社会形成力の育成－市民教育としての社会科－、社会科教育研究別
　　冊2000（平成12）年度　研究年報、2001年、pp. 47-53。
（3）池野範男、市民社会科の構想、社会科教育のニュー・パースペクティブ、明治
　　図書、2003年、pp. 44-53。
（4）前掲書（2）、p. 48。
（5）前掲書（2）、p. 49。
（6）前掲書（2）、p. 49。
（7）前掲書（2）、p. 50。
（8）田中伸、コミュニケーション理論に基づく社会科教育論－『社会と折り合いを
　　つける力』の育成を目指した授業デザイン－、社会科研究、第83号、2015年、
　　pp. 1-10。
（9）渡部竜也、社会問題提起力育成をめざした社会科授業の構想：米国急進派教育
　　論の批判的検討を通して、社会科研究、第69号、2008年、pp. 1-10。
（10）吉村功太郎、社会的合意形成を目指す社会科授業、社会科研究、第59号、2003
　　年、pp. 41-50。
（11）尾原康光、自由主義社会科教育論、溪水社、2009年。
（12）服部一秀、社会形成科の内容編成原理、社会科教育のニュー・パースペクティ
　　ブ、明治図書、2003年、pp. 64-73。
（13）橋本康弘、公民授業の新展開－社会形成を行う法授業の意義－、社会系教科教
　　育学研究、第20号、2008年、pp. 71-80。
（14）池野範男、市民社会科歴史教育の授業構成、社会科研究、第64号、2006年、
　　pp. 51-60。
（15）前掲書（2）、p. 52。
（16）橋本康弘、高等学校の事例－法的論争問題　外国人参政権の授業、"法"を教え
　　る、明治図書、2006年、pp. 84-95。
（17）稲田恭明、シティズンシップ概念の再編と公共性、公共性の法哲学、ナカニシ
　　ヤ出版、2006年、pp. 297-308。

(18) 橋本康弘、新科目「公共」の全体像－「法社会科」の誕生－、社会科教育、No. 707、2018年、pp. 120-121。

(19) 文部科学省、高等学校学習指導要領、2018年、pp. 92-93。
http://www.mext.go.jp/component/a_menu/education/micro_detail/__icsFiles/afieldfile/2018/04/24/1384661_6_1.pdf

(20) 前掲書（19）、p. 94。

(21) 池野範男、公共性問題の射程－社会科教育の批判理論－、社会科教育研究、No. 92、2004年、p. 15。

(22) 橋本康弘、資質・能力を直接育成する公民授業実践の在り方、教科教育学研究の可能性を求めて、2017年、pp. 43-52。

(23) 法教育研究会、はじめての法教育、ぎょうせい、2004年、p. 70。

(24) 滝川裕英、公共性のテスト、公共性の哲学、ナカニシヤ出版、2006年、pp. 28-53。

(25) 井上達夫、公共性とは何か、公共性の哲学、ナカニシヤ出版、2006年、p. 22。

(26) 井上達夫、公共性とは何か、法と教育、VOL 8. 2018年の基調講演の記録を参照。なお、その講演において井上達夫は、「江東区ゴミ焼却場問題」に言及し、「生ゴミの現地処分主義」に対して、自らが住居を構える区（山の手地区）にゴミ焼却場を作ることに「環境破壊」を理由に反対した市民を「住民エゴ」と批判している。この事例は「反転可能性テスト」の問題になり、社会問題を巡る「意見」の批判的吟味の必要性を述べている。

(27) 前掲書（22）、p. 44。

(28) 例えば、エスニックの問題であれば、「非常に女性差別的な民族があったとして、その少数民族に完全な自治を与えれば、その社会の弱者である女性に対する人権侵害が拡大しかねない。他方それを否定すれば多数派による少数派への強制を招くことにもなる」。この問題を生徒に価値判断させると、「女性差別の否定」といった判断に止まるだろう。いかに揺さぶるかが指導のポイントになる。このような「社会構成的文化」の問題については、滝川裕英・宇佐美誠・大屋雄裕『法哲学』有斐閣、2014年、p. 59. を参照。

(29) 平井亮輔、対話の正義、正義、嵯峨野書院、2004年、p. 239。

2-2 開発的・実践的研究

開発研究からみた社会形成科の成立過程
―歴史学習として開発された9つの単元に注目して―

1. 問題の所在──社会形成科の成立過程──

　社会形成科とは、社会問題を教育内容に取り上げ（内容としての社会形成）、その解決策を議論の論理に即して検討させることにより（方法としての社会形成）、社会に対する信念を子どもに再構築させることをめざす（目標としての社会形成）社会科教育論である[1]。池野範男は、このような社会科教育論を構想する背景について、「批判主義の社会科」という論文の中で次のように述べている[2]。

　　社会科教育が「社会認識を通して市民的資質を育成する」教科であると定義されて、四半世紀がすぎ、この定義の問題点も明確になってきた。／…（中略）…問題点の第三はこの定義には社会との関係が明示されていないために、社会科が「社会」という名称をもちながら、それを学習対象に限定してしまったことである。初期社会科論では社会科は民主主義社会の基本原理を教科原理にしていたが、それ以後の社会科論はこの考えを捨て、社会との関係を教科原理や学習原理から学習対象に縮減させた。その結果、社会科が単に社会を知るだけの教科となり、子どもたちの学習において社会離れを引き起こしているのである。

　社会形成科は、教科の目標・内容・方法を社会形成の論理を基盤に組み立て、「子どもたち一人一人が現代社会（の一部）を作り出している、形成しているということを授業において発見したり、確認したり、また、追構成したり、実施・実行したりする」[3]ことを保障することによって、社会科を学ぶ意義を子どもに見出させることをめざす社会科教育論なのである。

54   第2章　研究方法論

　それでは、この社会科教育論は、どのような過程を経て成立したのだろう
か。言うまでもなく、池野が取り組んだドイツやアメリカの授業理論研究[4]
が社会形成科の成立に大きく影響していることはもちろんであるが、開発研
究の影響も小さくないのではないだろうか。なぜなら、社会形成科という社
会科教育論の具体像を、我が国の社会科授業づくりの文脈に即して明らかに
しようとすれば、外国研究だけでなく開発研究の手法が必要不可欠となるか
らである。

　そこで、池野が社会形成科の確立に向けて開発したと考えられる19単元を
整理すると、次頁の表1のように示すことができる。本節では、表1のなか
でも、歴史学習として開発された9つの単元（網掛箇所）に注目して、社会
形成科の成立過程を明らかにする。これら9つの単元に注目するのは、社会
形成の論理に基づく場合、現代社会を直接の対象とする地理や公民の学習よ
りも、現代社会を直接の対象としない歴史学習の授業モデルは、作成しづら
いと考えられるからである。そのため、これら9つの単元の差異を明確にす
れば、どのような試行錯誤を経て社会形成科の社会科教育論が成立したのか
明らかになると考える。次の2では、9つの単元の差異を明確にするために、
社会と歴史の学習の捉え方を視点にしてこれら単元の類型化を行ってみよう。

2．9つの歴史単元を分類する基準とその実際──社会と歴史の　　　学習の捉え方──

　歴史学習として開発された9つの単元を、社会と歴史の学習の捉え方に注
目して分類すると、56頁の表2のように整理できる。横軸は社会の学習に関
すること。社会の静態的・安定的側面に注目し学習させる社会秩序学習と、
社会の動態的・変動的側面に注目し学習させる社会問題学習の2つに分類で
きる。縦軸は歴史の学習に関すること。歴史を分かることを目的にする歴史
目的学習と、歴史を分かることを手段にする歴史手段学習の2つに分類でき
る。これら2つの軸を交差させると、「社会秩序の歴史学習」「社会問題の歴

開発研究からみた社会形成科の成立過程　　55

表1　社会形成科に関わる授業モデル一覧

校種等「単元名」	掲載雑誌等
①高校日本史・公民単元「国際平和を考える—憲法解釈の歴史的変遷を通して—」	『広島平和科学』第20号、1997年
②高校日本史・公民単元「男女平等を考える」	『広島大学教育学部・関係附属学校園研究体制研究紀要』第28号、2000年
③中学校地理単元「地球の壊れやすい生態系をいかに守るか」	『現代民主主義社会の市民を育成する歴史カリキュラムの開発研究』平成10年度～平成12年度科学研究費補助金（基盤研究(C)(2)）研究成果報告書、2001年
④世界史単元「アメリカ独立革命—革命はいかなる状況で正当化されるのか—」	
⑤日本史単元「女性と教育—保井コノはどのような問題にぶつかったのか—」	
⑥日本史単元「戦前の婦人運動—なぜ戦前の婦人運動は体制化したのか—」	
⑦中学・高校公民単元「権力—社会に存在する権力とはいかなるものか—」	『現代民主主義社会の市民を育成する歴史授業の開発研究』平成13年度～平成15年度科学研究費補助金（基盤研究(C)(2)）研究成果報告書、2004年
⑧中学・高校公民単元「貨幣とは何か—人と人との社会的関係を結ぶ媒体—」	
⑨中学校地理単元「国土開発はどうあるべきか」	
⑩高校日本史単元「戦前と戦後の断絶性を問う：1940年体制」	
⑪日本史単元「改革は人々の暮らしにとって良いことか悪いことか：享保の改革」	
⑫世界史単元「武力行使は許されるのか」	
⑬中学校公民単元「選挙制度から民主主義社会のあり方を考える」	『社会科教育研究』第91号、2004年
⑭中学校公民単元「国際連合について考える」	『広島平和科学』第27号、2005年
⑮小学校社会単元「地図とはどのようなものでしょうか？地図について考えてみよう」	『広島大学大学院教育学研究科紀要』第55号、2005年
⑯中学校地理単元「家族と空間について考える」	『広島大学大学院教育学研究科紀要』第55号、2006年

56　第2章　研究方法論

⑰中学校歴史単元「喧嘩両成敗について考える」	『広島大学大学院教育学研究科紀要』第55号、2006年
⑱小学校社会単元「権利を侵したのは誰？」	『広島大学大学院教育学研究科紀要』第56号、2007年
⑲中学校地理単元「道路は誰のもの？」	『広島大学大学院教育学研究科紀要』第56号、2007年

(筆者作成)

表2　社会と歴史の学習を視点にした歴史学習の4類型

社会／歴史	社会秩序学習	社会問題学習
歴史目的学習	**（1）社会秩序の歴史学習** 学習指導要領に基づく中学校・高校の歴史学習（通史学習）	**（2）社会問題の歴史学習** 「国際平和を考える―憲法解釈の歴史的変遷を通して―」(1997) 「男女平等を考える」(2000) 「女性と教育―保井コノはどのような問題にぶつかったのか―」(2001) 「戦前の婦人運動―なぜ戦前の婦人運動は体制化したのか―」(2001)
歴史手段学習	**（3）歴史による社会秩序学習** 「アメリカ独立革命―革命はいかなる状況で正当化されるのか―」(2001) 「戦前と戦後の断絶性を問う：1940年体制」(2004)	**（4）歴史による社会問題学習** 「改革は人々の暮らしにとって良いことか悪いことか：享保の改革」(2004) 「武力行使は許されるのか」(2004) 「喧嘩両成敗について考える」(2006)

(筆者作成)

史学習」「歴史による社会秩序学習」「歴史による社会問題学習」という４つ
の授業類型を考えることができる。次の３では、これら４つの授業類型を手
がかりに、９つの歴史単元の開発研究がたどった道筋を明らかにしよう。

３．９つの歴史単元の開発過程——通史学習の部分的改革から
　　　全面的改革へ——

（１）社会秩序の歴史学習

　第１の類型は「社会秩序の歴史学習」である。この類型には、９つの歴史
単元のいずれも分類できない。この類型の典型事例は、現行の学習指導要領
に基づく中学校・高校の歴史学習である。歴史を分かることを目標にして、
過去の社会秩序を内容に取り上げ、暗記学習の方法によって授業が構成され
る。授業の目標・内容・方法を社会形成の論理に基づいて構成しないため、
子どもに歴史を学ぶ意義を実感させることができず、既存の社会秩序の現実
を無批判に受容させ維持させてしまう。

（２）社会問題の歴史学習

　第２の類型は「社会問題の歴史学習」である。例えば、単元「国際平和を
考える—憲法解釈の歴史的変遷を通して—」(1997)、単元「男女平等を考え
る」(2000)、単元「女性と教育—保井コノはどのような問題にぶつかったの
か—」(2001)、単元「戦前の婦人運動—なぜ戦前の婦人運動は体制化したの
か—」(2001) など、どちらかと言うと初期段階の開発研究を分類できる。
ここでは、単元「国際平和を考える」の概略（表３）を手がかりにして、本
類型の特徴を明らかにしよう。

　本単元は、３つの段階で構成されている。第１段階では、いじめを事例に、
非暴力で平和を実現することが容易ではないことを実感させる。第２段階で

58 第2章 研究方法論

表3 単元「国際平和を考える―憲法解釈の歴史的変遷を通して―」の概略

段階	主な発問	主な答え
1 「平和実現の難しさの実感」	・いじめが起こるクラスに平和をもたらす方法にはどのようなものがあるだろうか。	・「非暴力的な方法でクラスの平和を実現するのが最も良いと思うが、そんなに簡単なことではない」
2 「憲法9条問題の歴史的変遷の分析的把握」	・憲法9条の成立時、「平和」はどのように考えられていただろうか。	・「平和」とは「非武装」。日本の非武装化で日本と世界の平和が同時に実現する。
	・自衛隊の違憲問題が起きた冷戦時、「平和」はどのように考えられていただろうか。	・非武装により日本の主権を守る一国平和論と武装により世界の勢力均衡を保つ世界平和論があった。
	・自衛隊の海外派遣問題が起きた冷戦後、「平和」はどのように考えられていただろうか。	・戦争（物理的暴力）の不在をめざす平和論と生活保障（構造的暴力の不在）をめざす平和論があった。
3 「国際貢献策の議論」	・日本は国際平和にどう貢献すべきだろうか。	・物理的／構造的暴力の不在をめざす人的／物的な貢献方法が多様に存在する。

(池野範男ほか「高校社会問題史教授プランの開発―単元『国際平和を考える―憲法解釈の歴史的変遷を通して―』―」『広島平和科学』第20号、1997年、149-173頁をもとに筆者作成)

は、自衛隊の違憲問題や海外派遣問題などを取り上げ、平和的秩序の考え方が憲法制定時・冷戦時・冷戦後で次第に変容したことを把握させる。第3段階では、これまでの学習成果を踏まえて国際貢献について話し合う。

　以上のように、単元「国際平和を考える」の主要部分（第2段階）は、過去の憲法9条問題を教育内容に取り上げ（内容としての社会形成）、各時点の憲法問題における平和的秩序の考え方を議論の論理に基づいて解明・検討させることによって（方法としての社会形成）、戦後史を平和的秩序の考え方の変容過程として学習させることをめざしている。社会問題の歴史学習は、通史学習の内容・方法を社会形成の論理に基づいて転換することによって、子どもに学ぶ意義を実感させる歴史学習をめざすわけである。

開発研究からみた社会形成科の成立過程　59

表4　単元「アメリカ独立戦争─革命はいかなる状況で正当化されるのか─」の概略

段階	主な発問	主な答え
1　「現在の国家秩序に対する信念の表明」	○独立革命時に認められていた革命が現在認められないのはなぜか。	・「暴力は絶対駄目だから」「暴力で解決することはよくないから」
2　「革命を認める国家秩序の考え方の把握」	・独立革命を起こした人々は革命をどのように正当化したか。『独立宣言』等を手がかりに考えよう。	・英国政府による人権侵害を訴える政治的手続きが制度化されていなかったため、暴力もやむを得ないと考えた。
3　「革命を認めない国家秩序の考え方の把握」	・独立革命で成立した政府が、シェイズの反乱など、革命の類似行為を鎮圧するのはなぜか。	・政治参加の手続きが制度化されているため、革命ではなく法の手続きにしたがって社会変革を進めるべきだから。
4　「現在の国家秩序に対す信念の再構成」	・独立革命時に認められていた革命が現在認められていないのはなぜか。	○独立革命時とは異なり、政府に対する異議申し立ての手続きが保障されているから。

（池野範男ほか「現代民主主義社会の制度学習─世界史単元『アメリカ独立革命─革命はいかなる状況で正当化されるのか─』─」『現代民主主義社会の市民を育成する歴史カリキュラムの開発研究』平成10年度～平成12年度科学研究費補助金基盤研究(C)(2) 研究成果報告書、2001年、54-66頁をもとに筆者作成）

（3）歴史による社会秩序学習

　第3の類型は「歴史による社会秩序学習」である。例えば、単元「アメリカ独立革命─革命はいかなる状況で正当化されるのか─」（2001）、単元「戦前と戦後の断絶性を問う：1940年体制」（2004）など、どちらかと言うと中期段階の開発研究を分類できる。ここでは、単元「アメリカ独立戦争」の概略（表4）を手がかりにして、本類型の特徴を明らかにしよう。

　本単元は、4つの段階で構成されている。第1段階では、革命を認めない現在の国家秩序の考え方を自分の言葉で表現させ、子どもの素朴な信念を表明させる。第2段階では、革命を認める国家秩序の考え方を歴史的事実に基

60   第2章　研究方法論

づいて把握させる。第3段階では、革命を認めない国家秩序の考え方を歴史的事実に基づいて把握させる。第4段階では、これまでの歴史的な探求成果に基づいて、革命を認めない現在の国家秩序に対する自分の信念を再構成させる。

　以上のように、単元「アメリカ独立革命」は、革命を認める／認めない国家秩序の考え方を歴史的に探求させることによって、革命を認めない現在の国家秩序に対する信念を子どもに再構成させることをめざしている（目標としての社会形成）。歴史による社会秩序学習は、通史学習の目標を社会形成の論理に基づいて転換することによって、子どもに学ぶ意義を実感させる歴史学習をめざすわけである。

（4）歴史による社会問題学習
　第4の類型は、「歴史による社会問題学習」である。例えば、単元「改革は人々の暮らしにとって良いことか悪いことか：享保の改革」（2004）、単元「武力行使は許されるのか」（2004）、単元「喧嘩両成敗について考える」（2006）など、どちらかと言うと後期段階の開発研究を分類できる。ここでは、単元「武力行使は許されるのか」の概略（表5）を手がかりにして、本類型の特徴を明らかにしよう。

　本単元は4つの段階で構成されている。第1段階では、アメリカによるアフガニスタン侵攻を例示し、武力行使を認める／認めない国際秩序に対する素朴な信念を表明させる。第2段階では、武力行使を認める国際秩序の考え方を歴史的事実に基づいて把握させる。第3段階では、武力行使を認めない国際秩序の考え方を歴史的事実に基づいて把握させる。第4段階では、これまでの歴史的な探求成果に基づいて、武力行使を認める／認めない国際秩序に対する信念を再構成させる。

　以上のように、単元「武力行使は許されるのか」は、アメリのアフガニスタン侵攻という国際紛争問題を取り上げ（内容としての社会形成）、その賛否

開発研究からみた社会形成科の成立過程　　61

表5　単元「武力行使は許されるのか」の概略

段階	主な発問	主な答え
1「社会問題に対する信念の表明」	○アメリカのアフガン侵攻を例示し、他国から武力攻撃を受けた場合の武力行使は許されるべきか否か。それはなぜか。	・「戦争は誰も幸せにしないから武力行使は許されない」「相手に攻撃されたら報復しないと気が済まない」など。
2「武力行使を認める国際秩序の考え方の把握」	・なぜ武力行使は許されるのか。どのような歴史的事実に基づいてアメリカのアフガン侵攻が許されるのか。	・真珠湾攻撃の際、アメリカは国家安全保障に基づいて武力行使が許された。アフガン侵攻も同じ論理で許される。
	・なぜ武力行使は許されるのか。どのような歴史的事実に基づいてアメリカのアフガン侵攻が許されるのか。	・イラクがクウェートに侵攻した際、国際安全保障に基づいて多国籍軍の武力行使が許された。アフガン侵攻も同じ論理で許される。
3「武力行使を認めない国際秩序の考え方の把握」	・なぜ武力行使は許されないのか。どんな歴史的事実に基づくとアメリカのアフガン侵攻は許されないのか。	・米ソの話し合いでキューバ危機が回避され両国民の安全が守られた。アフガン侵攻も話し合いで回避できた。
4「社会問題に対する信念の再構成」	・他国から武力攻撃を受けた場合の武力行使は許されるべきか否か。それはなぜか。	○(例)　主張：武力行使すべきでない。理由：人間の安全保障。根拠：人命尊重

(池野範男ほか「世界史単元『武力行使は許されるのか』」『現代民主主義社会の市民を育成する歴史授業の開発研究』平成13年度～平成15年度科学研究費補助金基盤研究(C)(2)　研究成果報告書、2004年、194-216頁をもとに筆者作成)

を歴史的事実に基づいて議論させることによって（方法としての社会形成）、武力行使を認める/認めない国際秩序に対する信念を子どもに再構成させることをめざしている（目標としての社会形成）。歴史による社会問題学習は、通史学習の目標・内容・方法を社会形成の論理に基づいて転換することによって、子どもに学ぶ意義を実感させる歴史学習をめざすわけである。

　歴史学習として開発された9つの単元は以上のように整理できる。これら

62　第2章　研究方法論

9つの単元の発表年に着目すると、歴史学習の開発研究が「社会問題の歴史学習」(初期)→「歴史による社会秩序学習」(中期)→「歴史による社会問題学習」(後期)へと漸次的に進展したことが見て取れる。これら9つの単元の差異に着目すると、社会形成科という社会科教育論は、社会形成の論理に基づいて現行社会科の目標・内容・方法を部分的に改革する授業開発から全面的に改革する授業開発へと開発研究のあり方を前進させることによって成立したと言うことができる。

4．研究の意義と課題——社会形成科歴史学習の多様性——

本節では、開発研究を視点に社会形成科の成立過程を概観した。本研究の意義と課題は次の通りである。

研究の意義は、社会形成科歴史学習には多様性があることを明らかにしたこと。学会誌に掲載されている社会形成科歴史学習「武力行使は許されるのか」は、「歴史による社会問題学習」の授業であるため[5]、社会形成科歴史学習の多様性については見えづらくなっていた。本研究では、科研の報告書[6]や大学の研究紀要[7]を研究資料として活用することによって、社会形成科歴史学習の多様性を明らかにした。

研究の課題は、社会形成科の理念を継承すること。社会形成科の開発研究では取り上げられてない社会問題の教材発掘に取り組み、子どもが学ぶ意義を実感できる社会科学習の授業開発に努力していきたい。

(熊本大学・藤瀬泰司)

【註】

（1）池野範男「社会形成力の育成—市民教育としての社会科—」『社会科教育研究 別冊 2000（平成12）年度研究年報』2001年、47-53頁。

（2）池野範男「批判主義の社会科」『社会科研究』第50号、1999年、61-70頁。

（3）池野範男「市民社会科歴史教育の授業構成」『社会科研究』第64号、2006年、51-60頁。

（4）例えば、前掲論文（2）や、池野範男・加藤雅秀・村田正志「グリフィンの歴史授業論：信念を分析・検討する歴史授業論」及び池野範男・宇津剛・山田秀和・横山秀樹・渡部竜也「ハーバード社会科における社会科授業論：価値を分析・検討する社会科授業論」（池野範男（研究代表者）『現代民主主義社会の市民を育成する歴史授業の開発研究』平成13年度〜平成15年度科学研究費補助金基盤研究(C)(2)研究成果報告書）などを参照されたい。

（5）前掲論文（3）。

（6）例えば、池野範男（研究代表者）『現代民主主義社会の市民を育成する歴史カリキュラムの開発研究』平成10年度〜平成12年度科学研究費補助金基盤研究(C)(2)研究成果報告書2001年や、池野範男（研究代表者）『現代民主主義社会の市民を育成する歴史授業の開発研究』平成13年度〜平成15年度科学研究費補助金基盤研究(C)(2)研究成果報告書2004年。

（7）池野範男ほか「高校社会問題史教授プランの開発—単元『国際平和を考える—憲法解釈の歴史的変遷を通して—』—」『広島平和科学』第20号、1997年、149-173頁。

2-3 実証的・経験的研究

社会科教育学研究者にとっての
「実証的・経験的研究」とは何か
―池野範男の場合―

1. はじめに

(1) 問題の所在：社会科教育学における「実証的・経験的研究」とは

社会科教育学とはどのような学問かを説明しようとする際に、研究方法から論じようとする動きは決して新しいものではなく、社会科教育学の成立初期から繰り返しとられてきた[1]アプローチである。なぜならどのような研究方法を用いるかという問いは、単にどのようにデータを集め分析するのか、というHow to的な方法を規定するだけではない。つきつめていくと誰を研究の担い手として想定しているか（想定していないか）。そもそも、何のために研究するのか、という問いに直結する。この点で、社会科教育学の「学」としてのアイデンティティに関わる課題であるともいえる。

そうした日本の社会科教育学の研究方法の歴史において、本章で取り上げる「実証的・経験的研究」は、他の「規範的・原理的研究」「開発的・実践的研究」といったアプローチと比較すると、時代ごとにその位置づけは揺らいできたという特質がある。例えば、伊東 (1971) は「歴史的方法」「理論的方法」「比較教育的方法」に並んで、「実証的・実験的方法」をあげるが、森分 (1999) はあくまで社会科教育学研究の中心は「分析する研究」（≒規範的・原理的研究）、「つくる研究」（≒開発的・実践的研究）であると述べている。「子どもの意識やその動き」「歴史意識や政治意識」などの研究を「関連諸科学」の研究であるとし (p.11)、重要ではあることは認めながらも、社会科

教育学の中心的研究ではないと位置づけていた。

　しかし、2010年に入り、『社会科教育論叢』第48集（2012）、『社会科教育研究』第120号（2013）などの社会科教育学の各雑誌で方法論に注目を当てた議論が活発に行われるようになり、2015年に、草原・溝口・桑原（編）『社会科教育学研究法ハンドブック』として結実した。こうした2010年代以降、再度研究方法論に注目が集まった背景の一つには、「実証的・経験的研究」への再評価があげられる。

　現在（2018年）は、2015年の『社会科教育学研究法ハンドブック』で「実証的・経験的研究」が明確に位置づけられたこともあり、このアプローチが社会科教育学の研究アプローチの一つであるとする位置づけそのものは一定のコンセンサスは得られているといえる状況にはある。従って、今後は、「社会科教育学」として「実証的・経験的研究」をどう捉え、発展させていくか、が問われる段階であるといえる。というのも、「実証的・経験的研究」は、諸外国の社会科教育研究や社会学・心理学などの関連学問において、最もポピュラーな方法論でもあるため、領域や時代の変化はあるものの一定の基準は存在する。今一度、「社会科教育学」としての「実証的・経験的研究」をみとる際の条件をどうすべきか——他学問でとられている基準を適用するか。オリジナルの新しい条件を設けるべきか——が問われている。

　本稿は、池野範男氏（以下、敬称略）のこれまでの研究論文の検討を軸にして、この問いに取り組みたい。なぜなら、池野は自らを(1)「教科教育学」「社会科教育学」研究者であると捉え、(2)自らの主張する教科論である「批判主義」を研究スタンスにも適用し、「実証的・経験的研究」を含める多岐に渡る研究方法を用いながら、さらにその方法自体をも常に目的からメタ的に振り返ってきたためである（例えば、池野、2001）。こうした池野の社会科教育学研究者としての特質を踏まえて、「社会科教育学」として「実証的・経験的研究」をどう捉えるかという問いに取り組みたい。

　無論、本研究は、あくまで一研究者である池野における「実証的・経験的

66　　第2章　研究方法論

研究」の特質を示すものである。従って、この成果は、「社会科教育学」と
しての「実証的・経験的研究」のあり方やスタンスに直結するものではなく、
あくまで一参照枠であるということをお断りしておきたい。

（2）分析対象・枠組み・プロセス

　池野の研究成果は、書籍、学術＆一般雑誌、口頭発表資料など多様な媒体
で提示されている。その中で、(1)1978年〜2017年に学術雑誌に掲載された8
ページ以上の論文、(2)単著及び筆頭で執筆をしているという条件で55本を抽
出した。

　次に分析段階として次の3段階をとった。第1段階は、池野の研究全体に
おける「実証的・経験的研究」の位置づけを明確にする点である。ここでは、
本書でも用いられている「①規範的・原理的研究」「②開発的・実践的研究」
「③実証的・経験的研究」の3区分で、研究全体を分類する。この分類の際
は、草原（2015）が用いた問いのタイプによる区分。即ち、「規範的・原理
的研究」は「より望ましい社会科とは何か。なぜそれは望ましいのか」。「開
発的・実践的研究」は「より望ましい社会科を実現するには、どうしたいい
か。なぜそうするといいか。」「実証的・経験的研究」「社会科は、現にどう
いう環境で、どのように教えられ・学ばれている（きた）か。それはなぜ
か。」を基準とした（p.29）。

　第2段階は、「実証的・経験的研究」の中でも、どのような目的や方法の
特質があるかを明らかにする段階である。ここでは、『社会科教育学研究法
ハンドブック』で国内の雑誌での事例を用いて分類を行った南浦（2015）の
枠組みを参照する（pp.183-184）。即ち、タイプAは、主に「開発的・実践的
研究」の延長として、「実際にうまくいくか」を見取るための研究。タイプ
BとCは、共に実践状況を解明することを志向するが、一般化を志向するタ
イプBに対して、タイプCは文脈から深く掘り下げ、多様なデータを収集し、
解釈することを志向する。タイプDは、タイプCで見えてきた不平等な状況

を、ヒトや場から変革を図ろうとするものである。

　以上、段階1と段階2の分析を通して、研究の量的傾向や年代ごとの変容を見取ることで大きな特質を把握したい。次に段階3として、「教科教育学」研究として扱われていない他の研究と問題意識や構造を質的に比較することで特質を抽出する[2]。それを踏まえて、なぜそうしたスタンスを取るようになったのか、池野自身が、研究スタンスや方法についてメタ的に語っている論考（例えば、池野、2014）や論文の研究方法や註などを検討することでその意味を追求したい。

2．池野の社会科教育研究における「実証的・経験的研究」の特質

（1）段階1：研究全体での「実証的・経験的研究」の位置づけ

　ここは、草原（2015）の枠組みを基に、55本の論文をその研究の問いに注目しながら、「①規範的・原理的研究」「②開発的・実践的研究」「③実証的・経験的研究」の3区分で分類した。表2が対応表であり、集計結果を示したものが表1である。表1と表2から見える特徴としては3点をあげる。

　第1は、池野が多様な研究方法を用いている点である。表2・3から共通して見られるように、「①規範的・原理的研究」「②開発的・実践的研究」「③実証的・経験的研究」はほぼ全て用いられていた。また、①とも②とも取れる、複合的な研究の問いを示すものも多くあった。

　例えば、①と③の例として「近代ドイツ新人文主義的歴史カリキュラム理論：Gunther の場合」（1994年）を挙げると、そこでの特質は、「ギュンダーの論を取り上げ、新人文主義的歴史カリキュラム理論の特質を明らかにする」（p.21）とされる。この問い自体は、「ドイツの歴史カリキュラム理論成

表1　研究アプローチからの分類（N＝55）

	①規範	②開発	③実証	①＋②	①＋③	②＋③
個数 （％）	25 （45％）	8 （15％）	3 （5％）	1 （2％）	12 （22％）	6 （11％）

68   第2章　研究方法論

表2　研究方法からの分析結果

	年		題名	分類
1	単	1978	西ドイツヘッセン州「ゲゼルシャフトレーレ」のカリキュラム構成	①
2	単	1979	「批判的歴史授業」の構想：A. クーンの歴史教授学	①
3	単	1980	批判的歴史授業の授業構成―認識過程と授業過程の結合について	①
4	単	1980	西ドイツ歴史授業モデル―「社会科歴史」の観点から―	①
5	単	1982	社会科授業内容分析の理論	②
6	単	1983	西ドイツ歴史教授学のパラダイム変換	①
7	単	1986	「実証史学」的歴史教育独立論の問題点：津田左右吉の歴史教育論批判	①
8	単	1989	歴史教授と心情教科：ヴェーニガー歴史教育論の基本構造	①
9	単	1990	精神的科学的歴史教授学の独立性の問題について：ブランディーノ・ノール・ヴェーニガー	①③
10	単	1990	歴史授業原理としての歴史理解：ヴェーニガーの歴史教授原理	①
11	単	1991	近代歴史科の成立：コールウラシュの歴史科教育理論の確立過程	①③
12	単	1992	歴史理解における視点の機能(1)：絵画資料理解の分析を通して（第一部、第40号記念論叢）	①
13	単	1992	ガスパリの地理カリキュラム理論：近代ドイツにおける段階性社会的教科カリキュラム理論の始源	①③
14	単	1994	近代ドイツ新人文主義的歴史カリキュラム理論：Gunther の場合	①③
15	単	1995	シャーフの4コース歴史カリキュラム理論	①③
16	単	1995	ダンツの3コース歴史カリキュラム―新人文主義歴史理解の質的拡大カリキュラム論	①③
17	単	1996	近代初期ドイツにおける段階性歴史カリキュラムの展開：ヴォルフとコールラウシュの場合	①③
18	共	1997	高校社会問題史教授プランの開発：単元「国際平和を考える―憲法解釈の歴史的変遷を通して」	②
19	単	1997	ヘルバルトの学校カリキュラム論：興味の陶冶による経験の歴史的組織化	①
20	単	1999	批判主義の社会科	①
21	共	2000	近現代史学習の授業開発の研究(Ⅳ)―社会問題史学習の小単元「男女平等を考える」―	②
22	単	2001	社会形成力の育成―市民教育としての社会科―	①
23	共	2004	認識変容に関する社会科評価研究(1)	②③
24	共	2004	「国家・社会の形成者」を育成する中学校社会科授業の開発―公民単元「選挙制度から民主主義社会のあり方を考える」―	①②
25	単	2004	公共性問題の射程：社会科教育の批判理論	①
26	共	2005	公民単元「国際連合について考える」―「国家・社会の形成者」を育成する中学校社会科授業の開発(2)	②
27	共	2005	小学校社会科における見方・考え方の育成方略：単元「地図とはどのようなものでしょうか？　地図について考えてみよう！」を事例として	②

28	共	2006	新採用3年以内の教育調査報告—広島大学時代の教育・学習経験に関する調査	③
29	共	2006	認識変容に関する社会科評価研究(2)小学校地図学習の評価分析	②③
30	共	2006	認識変容に関する社会科評価研究(3)中学校公民単元「国際連合について考える」学習の評価分析	②③
31	単	2006	市民社会科歴史教育の授業構成	①
32	単	2006	Citizenship Education In Japan After World War II	①③
33	共	2008	中学校地理授業における学習達成水準の研究(1)単元「道路は誰のもの？」を事例として	②
34	共	2007	認識変容に関する社会科評価研究(4)中学校歴史単元「喧嘩両成敗について考える」学習の評価分析	②③
35	共	2008	小学校歴史授業の分析とその改善—単元「信長・秀吉・家康と天下統一」をもとに	②
36	共	2008	中学生の平和意識・認識の変容に関する実証的研究—単元「国際平和を考える」の実践・評価・比較を通して	②③
34	共	2008	社会科授業に関する実証的研究の革新(1)中等公民単元授業の比較分析	③
35	共	2008	社会科の可能性と限界：批判主義の立場から	①
39	共	2009	社会科授業に関する実証的研究の革新(2)中学校地理単元授業の比較分析	③
40	単	2009	現代学力論と教科指導：目標と内容の乖離とその克服	①
41	単	2009	独立「活用」論の問題性とその克服—習得主義から向上主義への学力論の転換	①
36	単	2012	New Theories and Practice in Social Studies in Japan: Is Citizenship Education the Aim of Social Studies as a School Subject?	①
37	共	2012	地域教材と知識の構造図を用いた社会科授業づくり：小学校における社会科授業構成研究(1)	②
44	共	2014	学習困難の研究(1)特別支援教育の使命と教科教育の在り方	①
45	単	2014	日本の教科教育研究者とは何をどのようにする人のことか：教科教育学と教師教育	①
46	単	2014	グローバル時代のシティズンシップ教育：問題点と可能性：民主主義と公共の論理	①
38	単	2014	As Citizenship Education Globalizes, Why Do Individual Countries and Regions Differ in their to It?	①
39	共	2015	「真正な実践」研究入門：価値（哲学）領域の読解を事例にして	②③
49	共	2016	特別支援学校用教科書『くらしに役立つ社会』の分析(4)研究総括：学習困難の研究(5)	①③
50	単	2016	フォーラム教育として、また、学問としての教科の必要性：社会科を事例にして	①
51	単	2016	教師のための「真正な学び」研究入門：教材研究のための論文読解比較研究	①③
40	単	2017	日本における多文化教育の論争点と課題—複アイデンティティ形成に焦点を当てて—	①

41	単	2017	研究者の学びの真正性の活用―共同研究（第一年次～第三年次）の総括―	①③
54	単	2017	教師のための「真正な学び」の研究：第三年次の研究―教材研究のための研究論文の読解とその「真正な実践」への活用―	①③
55	単	2017	Elementary Social Studies Lesson Study in Japan: Case Study of a 6th Grade Politics Unit	①

（筆者作成）

立史上の役割を考察する」（p. 21）ものとして位置づけられ、問いは③を志向しているとされる。しかしながら、考察において、ギュンダーのカリキュラム論を批判的に検討し、現在のカリキュラム理論との比較を行っているという点では、純粋に③とは言いがたく、①とも位置づけられるため両者とした。

　第2は、多様な研究方法は用いられているものの、全体的には①が多く、「③実証的・経験的研究」は少ないものとなっている。ただし、①や②と組み合わせた①③、②③といった研究もあわせると相当数見られる。

　第3は、「①規範的・原理的研究」は全体的に多いものの、時期的には研究方法にいくつかの固まりが見られ、それらの推移が見られる点である。例えば、表2を参照すると、1990年～1996年ごろには①③が活発に行われ、2000年代は②③が多い。2010年代以降は①③というように、研究方法にもいくつかのパターンが見られ、推移していることが分かる。

　段階1の分析結果を総括すると、池野の研究全体では、多様な研究アプローチが用いられているものの、その主軸は「①規範的・原理的研究」にあるといえ、「③実証的・経験的研究」ではない。さらに、「③実証的・経験的研究」も、その特性や目的が異なる。具体的には、例えば2000年以降には、それまで重視してきた文献研究ではなく、授業実践・子どもへのサーベイ調査・インタビューなどの経験的研究の割合が増加している。このような時期的推移があることが分かる。

社会科教育学研究者にとっての「実証的・経験的研究」とは何か　71

表3　「実証的・経験的研究」方法の分析結果

	年		題名	段階2	
9	単	1990	精神的科学的歴史教授学の独立性の問題について：ブランディーノ・ノール・ヴェーニガー	C	【1】
11	単	1991	近代歴史科の成立：コールウラシュの歴史科教育理論の確立過程	C	
13	単	1992	ガスパリの地理カリキュラム理論：近代ドイツにおける段階性社会的教科カリキュラム理論の始源	C	
14	単	1994	近代ドイツ新人文主義的歴史カリキュラム理論：Gunther の場合	C	
15	単	1995	シャーフの4コース歴史カリキュラム理論	C	
16	単	1995	ダンツの3コース歴史カリキュラム―新人文主義歴史理解の質的拡大カリキュラム論	C	
17	単	1996	近代初期ドイツにおける段階性歴史カリキュラムの展開：ヴォルフとコールラウシュの場合	C	
23	共	2004	認識変容に関する社会科評価研究(1)	A	【2】
28	共	2006	新採用3年以内の教員調査報告―広島大学時代の教育・学習経験に関する調査	B	
29	共	2006	認識変容に関する社会科評価研究(2)小学校地図学習の評価分析	A	
30	共	2006	認識変容に関する社会科評価研究(3)中学校公民単元「国際連合について考える」学習の評価分析	A	
32	単	2006	Citizenship Education In Japan After World War II	A	
34	共	2007	認識変容に関する社会科評価研究(4)中学校歴史単元「喧嘩両成敗について考える」学習の評価分析	A	
36	共	2008	中学生の平和意識・認識の変容に関する実証的研究―単元「国際平和を考える」の実践・評価・比較を通して	A	
34	共	2008	社会科授業に関する実証的研究の革新(1)中等公民単元授業の比較分析	A	
39	共	2009	社会科授業に関する実証的研究の革新(2)中学校地理単元授業の分析比較	A	
39	共	2015	「真正な実践」研究入門：価値（哲学）領域の読解を事例にして	C	【3】
49	共	2016	特別支援学校用教科書『くらしに役立つ社会』の分析(4)研究総括：学習困難の研究(5)	C	
51	単	2016	教師のための「真正な学び」研究入門：教材研究のための論文読解比較研究	C	
41	単	2017	研究者の学びの真正性の活用―共同研究（第一年次～第三年次）の総括―	C	
54	単	2017	教師のための「真正な学び」の研究：第三年次の研究―教材研究のための研究論文の読解とその「真正な実践」への活用―	C	

（筆者作成）

72 第2章 研究方法論

（2）段階2：池野の「実証的・経験的研究」の特質（量的分析）

先に示した「③実証的・経験的研究」を含んだ（③＋①③＋②③）21本の論文について、南浦（2015）の類型を踏まえて分析を行った。その結果を示したものが表3である。表3を参照すると、次の2点を読み取ることができる。

第1は、池野の「実証的・経験的研究」は、主に「タイプA：規範・原理・開発」の補完研究と、「タイプC：実態の解明研究（質的研究）」に大きく区分されることである。池野は、段階1で述べたように、研究の問いや方法として多様なものを用いてきた。しかし、「実証的・経験的研究」においては、「タイプB：実態の解明研究（量的研究）」や「タイプD：状況の変革研究」はほとんど行われていない。

第2は、表3で示したように、例外はあるもののタイプC→タイプA→タイプCと大きく3期に区分されることである。この区分は、即ち研究対象や問いともリンクしている。タイプCが多い【1】の時期は、ドイツの歴史教育の歴史的研究を主として扱っている時期である。タイプAが多い【2】の時期は、社会形成を志向する授業実践開発＆検証を行っている時期である。

タイプCが多い【3】の時期は、研究者・教師・学生らを比較して、論文の読解方法の理解を図る「真正な学び」研究期である。

（3）段階3：池野の「実証的・経験的研究」の特質（質的分析）

それでは、段階2までで明らかになったように、池野の「実証的・経験的研究」は全体的に少ないながらも存在し、時期ごとに、「実証的・経験的研究」の内容も変化していることが明らかになってきた。

では、内容的にはどのような特質があるのか。今回は、歴史教育を対象として「教育工学」として掲載された池尻ほか（2017）と、池野が初めて授業実施＆評価に取り組んだ池野ほか（2004）の論文構造を比較し、その問題意識や構成との比較を行いたい。

①池尻ほか（2017）「MOOC における歴史学講座の学習評価」の論文構造

　本論文の問題意識は「MOOC（大規模公開オンライン講座）の受講生の歴史的思考力は向上したか」である。本論文は、MOOC（大規模公開オンライン講座）の受講生に注目が集まっていること、歴史的思考力についての注目が集まっていることという 2 つの前提から、MOOC が有効な歴史的思考力を育成する上で重要なプラットフォームになっているのではないかという仮説を立て、問題意識を明確にする。次に、その前提を踏まえて、MOOC の目的や受講方法などの概要を説明し，歴史的知識と歴史的思考力（史料や歴史解釈の意識、歴史的文脈を理解するなど）に関する評価規準をたてる。そして、質問紙や課題を用いた結果を示し、最終的にその効果についての考察（歴史的思考力は事後に有為に向上したものの、効果量としては小さい）を行った上で、改善策を引き出す（例：掲示板での議論）、という形である。

②池野ほか（2004）「認識変容に関する社会科評価研究(1)」の論文構造

　本論文の問題意識は、既に開発した社会科授業の評価方略を立て、その学習評価を試みることで、認識の変容を評価する方法を提案することを課題としている。本論文は、知識外の態度などの評価方略が明確ではない現在の状況を問題視し、評価方略を新しく構築することの必要性を指摘する。次に、その事例として、既に提案した単元「選挙制度から民主主義社会のあり方を考える」を紹介し、評価方略と計画を示す。そして、プレ・ポストテストを用いた結果を示す。最終的には、その評価方略の有効性と課題を示すという構成になっている。

③小括

　両者の論文は基本構造としては、課題→実践の概要→実践の評価方略→結果→考察、という仮説検証型、南浦（2015）が述べるところのタイプＡの論文形式を踏襲しているが、その説明の仕方に以下のような違いも見られる。

　第 1 は、評価規準やと方法の立て方である。池尻ほか（2017）の場合、評価規準は、Winburg らが実施した既存の研究でその有効性が証明できた方

74   第2章　研究方法論

略を援用している。一方、池野ほか（2004）の場合、実証的に立証できたものの援用するのではなく、その方略そのもの自体を自らで立てることを重視している。

　第2は、問題意識と目的の性質の違いである。池尻ほか（2017）の場合、問題意識は端的にいえば実践の評価である。MOOCは歴史的思考力を高めるのではないかという仮説を検証することを中心におく。一方、池野ほか（2004）は、実践の評価も目的とするが、主目的はそこにはない。主目的は、あくまで知識以外の評価を行うための評価方略を確立することにある。そのため、即ち、実践を作り、それを評価する活動を行うが、最終的にその評価活動全体を見直し、評価方略として再度批判的に検討する。このように実践の評価活動そのものを、一連の授業評価方略として提案する複層的な入れ子構造をとる。メタ的に評価方略を提案することを目的とした論文構成である。

　これに類似したアプローチは、池野ほか（2004）だけでなく、池野による他の授業開発・検証論文でもみられる。例えば、2015年から開始される「真正な学び」研究の場合、研究者や教師がどのように自己の専門分野の論文を読解しているかというプロセスを調査している。しかし、ここでも読解方法の特質の解明が主目的ではなく、そのプロセスが、教師が行うべき教材研究の方略に示唆を与えると捉えている。教育実態が「どうなっているか」という解明を通して、教師がとるべき教材研究の方略や授業方略をメタ的に示そうとしている。こうした構造から、「規範的・原理的研究」や「開発的・実践的研究」の一部として、「実証的・経験的研究」を位置づけようとしていることが分かる[3]。

3．考察：池野の「実証的・経験的研究」の意味

　以上の3段階の分析結果から、(1)池野は「実証的・経験的研究」を研究生活の中で中心的には用いないこと、(2)ただし、「実証的・経験的研究」を「規範的・原理的研究」「開発的・実践的研究」の一部として用いようとして

いること。「実証的・経験的研究」を行う際、(3)これまでの方略を援用することなく、独自の方略を作成するスタンスを貫こうとしている、ことが分かった。では、なぜこうしたスタンスを取るのか。ここでは、池野（2014）などの自らの研究スタンスや研究方法をメタ的に語っている論考や、表3の［1］と［2］／［2］と［3］の間にある研究論文の記述に注目して、内在的に理解を試みてみたい。

第1に、規範性から逃れられない教育研究の特性上、中心を「実証的・経験的研究」におくのは難しいと捉えている点にある。池野（2013）は、2013年度日本教育方法学会第49回大会の課題研究において、実証科学との対比を通して、自らは（社会科教育学の「規範的・原理的研究」が中心としてとってきた）解釈学をとる理由を、以下のように述べている。

> 教育方法学、教科教育学は教育の目的性によって、規範性をもっていることである。規範性をもたず、価値的ではなく、中立的であるとするならば、それは隠蔽であろう。（……）教育学であるかぎり、教育方法学であろうが教科教育学であろうが、規範性をもち、解釈学的方法を採用せざるを得ないのである。規範性・解釈学的方法は多様性に依存するので、それを科学化、客観化するのは、事実から積み上げる実証性ではなく、それぞれの正当性ではないだろうか。(p. 4)

教育を研究する以上、規範性から逃れることはできない。とすれば、実証的・経験的研究のアプローチは客観的・中立的に見えるからこそ危険である。そのため、それが一般的に優れているのかを競う実証性ではなく、批判主義をベースとした正当性に訴えることが重要であるという主張である[4]。

第2は、教科教育学研究は純粋科学（science）ではなく、政策的な提案を含んだ研究（study）であると捉えている点にある。池野（2014）は次のように教科教育学研究者を述べる。

> 大学で研究する人だけではない。学校で教師として実践する人もまた、教科教育学を進める人でもある。日本の教科教育学研究者は、理論と実践、研究と提案を切断せず、相互に行き来する人である。それは、研究もするが実践を提案した

76　第2章　研究方法論

り、実際に行ったりする人でもある。切り離したり分け隔てたりすることはなく、相互に往還することに特質をもっている。そして、それは、事実だけを取り扱うことはできない、常に学校、子どもたちへのよりよい教育を提案する実践的な研究をするのである。このような教科教育学研究は、研究を名乗っているが、自然科学の意味での科学（Science）ではなく、政策的な提案を含んだ研究（Study）なのである。（p.101）

　池野によれば、教科教育学は、実践を対象とする研究ではなく、研究することと実践することが一体となっているという特質がある。従って、研究者と実践者とは明確に区別できないし、すべきでもない。研究者は、先行研究の積み重ねという学術的意識だけでなく、常に「実践で重要なことは何か」「子どもにとって大事なことは」という視点を持つ、実践的意義が必要ということになる。

　池野（2014）は続けて、世界的に見ると、研究者と実践者は実践と研究を分担し、学会や雑誌などで交流することが主流となっているということを認めながらも、日本の教科教育学はその学問的自立性を考え、あえて「研究と実践の常なる往還の中にその存在価値を見出（p.101）」すことに意味を見出してきたと捉えている。こうした池野のスタンスが、実証研究であっても、学問的厳密性のみを追及せず、教師や実践者の経験知や「肌感覚」も含めた独自の方略を作成するスタンスや、実証科学をあくまで授業研究の一部分として示すということに繋がっていると想定されるだろう。

　以上の点から、池野は社会科教育学の「実証的・経験的研究」をみとる基準として、実践上の貢献や実践者の関わりなどからみなければならないし、描き方としても、批判性を担保する形で示すことが必要と捉えていることが明らかになった。

4．おわりに——今後の社会科教育学における「実証的・経験的研究」とは——

　本稿では、池野の「実証的・経験的研究」についてのスタンスを明らかに

することで、（教科教育学としての）社会科教育学研究者における実証的・経験的研究のあり方を検討してきた。最後に、池野の論を踏まえて社会科教育学としての「実証的・経験的研究」のあり方を考える上で考慮すべき点を述べておきたい。

第1は、これまでの「社会科教育学」は、「教科教育学」としてのアイデンティティ、その中でも実践者との関わりの中で構築されてきたことが明らかになってきた。しかし、今後はいわゆる「教科教育学」という体系を持たない国内外の研究者とも関わることを求められる。この中で教科教育学の学問としてのアイデンティティをどう立直すかが重要になるだろう。

第2は、池野の「実証的・経験的研究」観は、やや「認知革命」以前の"科学主義・実証主義（positivism）"が強い点も考慮しておく必要がある。現在、国内外の「実証的・経験的研究」では、意味を理解する解釈主義（interpretivism）を基礎とする質的研究が積極的に用いられている。その中では、研究者自身がその規範性（価値やスタンス）を自覚化し、それをも論文化に含める必要性が指摘されている。こうした「実証的・経験的研究」のトレンドを含めた上で、再度「社会科教育学」における「実証的・経験的研究」はどうあるべきか。池野のこれまでの主張を参照枠として再考の機にきているといえるだろう。

（広島大学・川口広美）

【註】

（1）例えば、『社会科教育学の構想』（日本社会科教育学会、1970）や『社会認識教育の理論と実践－社会科教育学原理』（内海（編）、1971）などでも示されている。

（2）本来であれば、こうしたデータ分析においては、分析結果の信頼性を担保するために、トライアンギュレーションが重要である。しかし、本書の特性から、本稿ではそうしたアプローチを取ることが難しい状況にあった。そのため、分析視点と方法・結果を示すことで批判に開きたいと考えている。

（3）これが、表3で他の方法と混在している理由であると考えられる。

78　第 2 章　研究方法論

（ 4 ）解釈学についてのスタンスは、池野ほか（2008）の次の文章からも明らかであ
る。「池野は、本来、解釈主義の立場を基本として研究を進めてきた。数年前から、
社会科授業を通して子どもたちの認識変容を計測・計量化する評価研究を始めた
（…）それは、研究の幅を広げ、「科学的・科学性」を高めるためである。
（p. 210）」

〈参考文献〉

池尻良平・大浦弘樹・伏木田稚子・安斎勇樹・山内祐平（2017）「MOOC における歴
史学講座の学習評価」『日本教育工学会論文誌』41(1)、53-64。

池野範男、竹中伸夫、丹生英治［他］（2008）「社会科授業に関する実証的研究の革新
(1) 中等公民単元授業の比較分析」『学校教育実践学研究』14、203-237。

池野範男（2013）「解釈学を基盤とした教科授業研究とその方法―社会科授業づくり
を事例として―」日本教育方法学会第49回大会　課題研究Ⅲ「教育方法学の学問
的固有性とは何か」発表資料（於埼玉大学）。

池野範男（2014）「日本の教科教育研究者とは何をどのようにする人のことか―教科
教育学と教師教育―」『日本教科教育学会誌』第36巻第 4 号、95-102。

内海巌（編）（1971）『社会認識教育の理論と実践―社会科教育学原理―』葵書房。

草原和博（2015）「論文の方法論―研究論文の作り方・書き方の 3 類型―」草原和
博・溝口和宏・桑原敏典（編）『社会科教育学研究法ハンドブック』明治図書、
25-45。

日本社会科教育学会（編）（1970）『社会科教育学の構想』明治図書。

南浦涼介（2015）「国内研究誌に学ぶ「意義ある研究」草原和博・溝口和宏・桑原敏
典（編）『社会科教育学研究法ハンドブック』明治図書、183-199。

森分孝治（編）（1999）『社会科教育学研究―方法論的アプローチ―』明治図書。

第 3 章　社会科教育論

3-1 授業分析論

池野氏の授業分析研究が社会科教育学研究において
果たした役割

1．はじめに

　本節では、池野氏の授業分析論を考察する。『社会科教育学研究ハンドブック』では、授業を分析・評価する研究は「ａ）実践者の理論を枠組みとする授業の分析・評価・改善、ｂ）優れた理論による授業の分析・評価・改善、ｃ）授業の分析・評価法の確立の３つのタイプに分かれる」[1]とされる。

　しかし、池野氏の授業分析に関する論考を検討すると、この類型に収まらない、授業分析の枠組みの提案という、いわば、授業分析のための理論研究というタイプが見出される。そこで、先行の授業分析・評価研究の類型を修正し、１）実践者の理論を枠組みとする授業の分析・評価・改善、２）授業分析の枠組みの提案、３）優れた理論による授業の分析・評価・改善、４）授業の分析・評価法の確立として再編する。

　本節では、この再編した類型に基づいて池野氏の授業分析を検討し、社会科教育学研究における池野氏の授業分析研究の意義を考察する。そこで、第２項で各類型の授業分析を検討し、第３項で全類型の授業分析を総合的に考察することで、池野氏の授業分析研究が社会科教育学研究において果たした役割を解明する。

2．池野氏の授業分析の類型

（1）実践者の理論を枠組みとする授業の分析・評価・改善

　池野氏は、このタイプの授業分析を1970年代後半から1980年代前半にかけ

て実施している。その授業分析の中心的な対象は A. クーンが開発した歴史授業とその授業の組織化の根拠となったフランクフルト学派、とりわけ、J. ハーバーマスの社会理論である。クーンの歴史教授学をハーバーマスの自己解放概念を中核にした批判理論から検討することで、その歴史授業を「自己解放に導かれた批判的歴史授業」と定義し、実際にクーンが開発した授業事例「イギリス革命」を分析する(2)。池野氏はクーンの歴史授業の要件が現在的な自己解放的関心という枠組みであると捉え、この枠組みの基礎が自己解放という社会理論と結びついた科学論になっていることで、科学の論理と教育の論理が同一構造を持ち、認識過程が育成過程になるとする(3)。

　別の論考では、ハーバーマスの歴史認識論とその過程を考察し、ハーバーマスの認識方法が経験的─分析的科学の認識方法の「説明」を解釈学の認識方法の「理解」と結びつける「説明的理解」、その過程が理解を主軸とした「理解→説明→深化した理解」の過程であると説明する(4)。そして、この歴史認識の方法とその過程に即して、クーンの開発した授業事例「フランス革命」を分析し、その歴史授業が「説明的理解」の過程で組織化されていることを証明することで、ここでも、歴史認識の過程と授業過程の結合という科学の論理と教育の論理の一致を実際の授業で裏付けている。

　さらに、池野氏は、クーンと同様に当時、新しい歴史教育論を展開したR. シェルケンの歴史授業モデルとクーンのそれとを比較するという授業分析も実施する。この分析から、シェルケンのモデルを、「子ども、社会、歴史の三因子を社会を媒介とした歴史と子どもの関係として把え、社会と主体との関係を示す「我々連関」によって歴史」(5)を捉えさせるものになっていると説明する。そして、「現在の問題が過去の特定状況の問題とどのように結びつくのか、また、歴史事象の把握を現在からの拡大とするがその拡大を保証するものつまり客観性を保証するものは何かは明確でない」(6)というこのモデルが抱える課題を指摘する。その一方で、クーンの歴史授業モデルを、その理論的根拠であるハーバーマスの社会化論や社会史から分析し、そのモ

デルが教育目的を自己解放とすることで、現在の日常意識とは別次元からの現在批判や、客観性を内部に保証した主体形成が可能となっており、シェルケンのモデルの課題を克服していると論じる[7]。

これらの授業分析は、池野氏がクーンの歴史授業を分析対象として、優れた歴史授業がなぜ優れたものになりえているのかを授業の組織化の根拠となっている授業構成の理論から解明するものであるといえる。

（2）授業分析の枠組みの提案

前項で論じた通り、池野氏の授業分析は、歴史授業がなぜその授業過程で組織されているのかを背景にある授業構成の理論に基づいて解明するものであった。これより、池野氏が、授業構成の理論に基づいて分析しなくては、教材や学習内容や授業過程の構造化がどのようになされているのかを究明することはできないと考えていることが窺える。

実際、池野氏は、前項の授業分析と同時期に社会科授業内容を分析するための枠組みを提案するという授業分析に関する理論研究にも取り組んでいる。池野氏は、授業内容分析の第1段階が授業内容の確定、内容の構造化、内容の構造の順次性を解明する段階、第2段階が実際の授業の背後に隠れた授業内容理論を引き出す段階、第3段階が社会科内容理論についての考えを根拠づける段階という3段階からなるとする[8]。第2段階では授業内容理論からなぜその内容が選択されたのか、なぜその構造化がなされたのか、なぜその順次性がとられたのかという内容選択・内容構造化・内容構造の系列化の基準が、第3段階ではこれら3つの基準の根拠づけを明確にすることで授業者の社会科についての考えがひき出されるとする[9]。そして、実際にクーンの歴史授業事例「産業革命と社会的変化」と川口プランの授業事例「町の清潔」をこれら3段階で分析する[10]。

クーンの歴史授業においては、第1段階では展開部の1～3が生産局面での労働世界の変化、4・5が新しい経済世界の社会組織への影響、6・7が

政治的世界の可能性という構造、生産局面から社会組織を経て政治的世界へという系列化を採るとする。第2段階では、ハーバーマスの社会理論を内容構造化基準として導き出し、第3段階では、この基準をハーバーマスの社会理論の目的である「成年性」とクーンの批判的歴史授業の目的である「社会的人間形成」という目的の同一性で根拠づける。川口プランの授業においては、第1段階では公衆衛生の汚染源、その影響という問題の一般的解決法、子どもたち自身による問題の解決という内容と構造化と順次性を示す。第2段階では、社会機能法の研究過程を内容構造化基準として導出し、第3段階で、この基準を社会機能法が想定する「民主社会の存続と更新につくす人間」という人間像と社会科の人間像との同一性で正当化する。

　池野氏は3段階からなる分析枠組みに基づいた授業分析を通して、単に授業の実際を提示する分析ではなく、その授業の背景にある授業内容理論や授業者の教科論までも解明し、授業の妥当性や正当性を根拠づけることが、授業分析において肝要であることを論じている。

　実際、本類型での授業分析を経て、池野氏の授業分析は授業内容理論や授業者の教科論に迫るものへとさらに深化する。池野氏は有田和正氏の「農業に"頭"はいらないか―小5日本の食料生産」を分析対象とし、その授業の背後にあるプラグマティズムの思考理論から本授業を考察する[11]。しかし、その分析は前項でのクーンの歴史授業分析の手法のように、プラグマティズムの思考理論を授業の組織化の論理として解明するだけではなく、有田氏が授業内容を子どもに学習させるためにどのような教授学的操作をしているのかという有田氏自身の授業づくりの論理を解明することに焦点が置かれている。つまり、解明されるのはプラグマティズムの思考そのものではなく、有田氏の教授学的操作を経た「子どもの思考を育てる社会科」独自の授業理論なのである。この分析は、授業内容理論や授業者の教科論の解明を図る分析枠組みを構築した池野氏だからこそ可能となっている。

　前項の授業分析と本項の授業分析は同時期になされており、密接に関連し

ている。授業の組織化の根拠となる理論に基づいてなされた前項での授業分析が、授業内容理論や授業者の教科論を解明する本項での授業分析の前提となっている。本項での授業分析は、授業分析の方法論を提案しており、池野氏の授業分析の１つの到達点と位置づけることができよう。

（３）優れた理論による授業の分析・評価・改善

　池野氏による本タイプの授業分析は2000年代以降にみられ、それほど多くはない。ここでの分析の枠組みとなる優れた理論は、批判主義社会科教育論や向上主義社会科学力論である。池野氏は、1980年代から1990年代にかけて独自の社会科教育論を追求し、21世紀前後において、その成果は批判主義社会科教育論、市民社会科、社会形成としての社会科、向上主義社会科学力論といった形で結実する[12]。池野氏の社会科教育論は、その目的を「社会の構成原理にもとづいて、社会秩序を批判的につくり出す」[13]という社会形成、内容を社会秩序、方法を議論の論理とする。その社会科教育論は、議論の構造によって社会秩序を可視化することで可能となったその取り扱いや討議を通して社会秩序そのものを批判的に構成、再構成することを図るというものである。可視化された社会秩序とは「社会の側面・要素（アスペクト）ではなく、社会の見方・考え方（パースペクティブ）」[14]であり、この社会の見方・考え方を複数作り出したり、質的にそのレベルを成長させたりすることをめざすのが、向上主義社会科学力論である。

　池野氏は批判主義社会科教育論の立場から、關浩和氏の小５「わたしたちの生活と情報」を分析する。情報に関する認識を写実説と構成説という２つの解釈・説明に区分し、各説のレベルを５段階からなる形式的階層構造で明示化した上で、実際の授業展開を発問の構成要素と物語構造から分析し、授業展開ではどの説をどのレベルまで認識させており、その構造と原理がどのようなものであるのかを検討することで、本授業の課題点とその原因と解決策を提案する[15]。小６歴史授業「信長・秀吉・家康の天下統一」では、向

86　第3章　社会科教育論

上主義社会科学力論の立場から、Halldenの概念的枠組み理論における代替的枠組みを活用して、授業展開から児童の概念的枠組みの変容を読み取るとともに、概念的枠組みをレベルで可視化し、どのレベルまで到達できたのかを検討することで、本授業の課題点とその原因と解決策を提案する[16]。池野氏による本タイプの授業分析は、自ら構築した社会科教育論に基づいて他者が開発した社会科授業を検討することで、その授業における児童の社会の見方・考え方をレベル段階で可視化し、認識の成長を読み取っており、生徒の授業内での認識の変容とレベルを評価するという新たな評価研究の可能性を拓くものである。

（4）授業の分析・評価法の確立

　本タイプの授業分析は、2000年代以降、広島大学附属中・高等学校や大学院生等との共同研究として多く蓄積されている。その授業分析は、前項の授業分析で拓かれた新たな評価研究の可能性を具現化するために、「市民社会科の目標である社会形成力の育成、構築主義の研究方法論、「向上主義」という評価規準観に従って、社会科授業に関する研究課題を克服し、新たな実証的研究とその方法論を確立する」[17]という目的のもとでなされている。

　選挙制度を事例として中間時と授業後での認識のレベルの変容と認識に基づく判断のレベルを評価する[18]、地図に対する見方・考え方としての写像論・構成論という認識論での評価レベル、4つの認識の段階レベルを設定し、開発授業での認識とレベルの変容を評価する[19]、国際連合を事例として国際社会の平和構築に関する認識を理想主義的な見方・考え方、現実主義的な見方・考え方での評価レベル、4つの認識の段階レベルを設定し、開発授業での認識とレベルの変容を評価する[20]といった評価研究等がなされている[21]。

　これらの研究は、自らが開発した授業実践を通して児童生徒の学習達成水準を認識論とそのレベルから客観的に評価する研究方法論を確立することで、

児童生徒各自の達成度を評価できずにいた従来の実証的研究を乗り越える新しい実証的研究の理論化を図るものとなっている。

3．池野氏の授業分析研究の考察

　前項では、池野氏が実施してきた授業分析研究を4つの類型ごとに検討した。本節では、各類型の授業分析を整理した上で、池野氏の授業分析研究を総合的に考察し、池野氏の授業分析研究が社会科教育学研究において果たした役割を解明する。

　池野氏の初期の研究に相当する類型（1）「実践者の理論を枠組みとする授業の分析・評価・改善」（以下、（1）と略す）は、新しい社会科歴史を模索する研究である。その原型を初期社会科に置いていることは、初期の論考で初期社会科の課題を論じていることや、分析対象が初期社会科の社会科授業となっていることから読み取れよう。池野氏は、初期社会科の問題解決学習で獲得する認識に対する主観的、個人的で心理主義的という周知の批判を克服する方策をクーンの批判的歴史授業に求め、どのように授業を組織化すれば、批判を克服する社会科歴史を提唱できるかに取り組んだのである。池野氏は、クーンの批判的歴史授業の分析から、ハーバーマスの批判的社会科学の歴史認識過程である「説明的理解」の認識過程を授業過程に援用し、理解と説明を結合することで、初期社会科の課題を乗り越えた社会科歴史を提案する。科学の論理と教育の論理が一致した批判的歴史授業に新しい社会科歴史の姿を見出したのが（1）の授業分析だったのである。つまり、（1）は新しい社会科歴史を構築するための授業分析であったと考えられる。

　そして、科学の論理と教育の論理を一致させるためには、科学の論理の授業への援用を図る教授学的操作を経て導かれる授業構成の理論＝独自の社会科教育論を明確にしなくてはならず、そのための授業分析の枠組みを提案するのが類型（2）「授業分析の枠組みの提案」（以下、（2）と略す）である。つまり、（2）は授業分析の方法論のみならず、社会科教育論を構築するた

めの方法論を提示する授業分析となっているのである。

（1）や（2）、1980年代から1990年代にかけてなされたドイツの歴史教授学理論、カリキュラム論、歴史授業原理に関する理論研究の成果を経て、池野氏は独自の社会科教育論を構築する。類型（3）「優れた理論による授業の分析・評価・改善」（以下、（3）と略す）の授業分析は、他者が開発した社会科授業を池野氏独自の社会科教育論に基づいて、授業で育成が図られる社会認識とその認識のレベルという観点から分析することで、授業の課題やその原因と解決策を明確に提案する授業評価が可能となっている。（3）は、新しい評価研究の方法論を試み的に提唱する授業分析といえよう。

類型（4）「授業の分析・評価法の確立」（以下、（4）と略す）の授業分析では、自らの社会科教育論に依拠した社会科授業開発、評価規準設定、評価テスト開発、評価規準に基づいた評価テスト分析といった研究を通して、単なる授業分析にとどまらず、評価方略の確立までも図る。これら一連の研究がなされることで、（4）は評価のための研究方法論、新しい実証的研究の研究方法論の構築をめざす授業分析となっている。

（1）から（4）を概観すると、池野氏の授業分析研究では、各類型の研究がいずれも相互に関連しあい、一貫した道筋で体系的になされていることが分かる。（1）が社会科教育論を構築するための方法論を提示する（2）の基盤を形成し、（3）が（1）や（2）の研究の結実点に位置づくことで新しい評価研究への展望を示し、（1）～（3）で示されてきた方法論を自らの社会科教育論に基づいた社会科教育学研究の研究方法論へと精緻化するのが（4）である。（1）～（4）を経た研究の体系化を通して、授業分析研究・社会科教育論研究・授業評価研究・実証的研究といった多岐の研究領域に及ぶ研究方法論を構想するものへと発展しているのである。池野氏の授業分析研究を総合的に検討すると、独自の社会科教育論をいかに構築していくのか、新しい研究方法論はいかにして構想できるのかといった社会科教育学研究の核心に迫る重要な論点に関する回答を見出すことができる。これより、

池野氏の授業分析研究は、社会科教育学研究を発展させる具体的な道筋を明示し、新たな展望を具現化することで、社会科教育学研究の発展に向けた推進力として主導的な役割を果たしてきたと結論づけることができよう。

4．おわりに

　本節では、池野氏の授業分析研究が社会科教育学研究において果たした役割を考察した。この考察は、日本の社会科教育学研究に池野氏の授業分析研究を位置づける作業ともいえる。1970年代に探求としての社会科教育を提案した森分孝治氏の社会科教育論は2000年代に至るまで日本の社会科教育学研究において不動の地位を得ており、この理論に基づいた社会科授業が多くの研究者や実践者によって開発されてきた。

　池野氏は、批判の対象とされてきた初期社会科に理想の社会科教育の原型を見出した上で、本節で検討してきた授業分析研究のみならず、授業開発研究、ドイツ歴史教授学に関する理論研究等の成果を体系化することで、2000年代以降に独自の社会科教育論を提案、展開するに至る。森分氏の社会科学科としての社会科教育論が主流とされる社会科教育学研究に対して、新しい社会科教育論を提案するという一大画期を生み出した池野氏の多様な研究の一領域である授業分析研究を辿ることで、社会科教育学研究の発展に資する研究の方法論を詳らかにすることができる。池野氏の授業分析研究は、研究を体系的に組織化して遂行することで、社会科教育学研究全般にいかに大きな影響を及ぼすことができるのかを物語っているのである。

（島根大学・宇都宮明子）

【註】
（1）全国社会科教育学会『社会科教育学研究ハンドブック』明治図書、2001年、p.119。
（2）池野範男「「批判的歴史授業」の構想―A.クーンの歴史教授学」日本教科教育

90 第3章 社会科教育論

学会編『日本教科教育学会誌』第4巻第2号、1979年、pp. 75-82。

（3）同上論文、p. 81。

（4）批判的社会科学の歴史認識論とクーンの歴史授業の分析については、池野範男「批判的歴史授業の授業構成―認識過程と授業過程の結合について―」広島史学研究会編『史学研究』第147号、1980年、pp. 48-66を参照。

（5）池野範男「西ドイツ歴史授業モデル研究―「社会科歴史」の観点から―」日本社会科教育学会編『社会科教育研究』第43号、1980年、p. 49。

（6）同上。

（7）同上論文、pp. 49-53。

（8）池野範男「社会科授業内容分析の理論」全国社会科教育学会編『社会科研究』第30号、1982年、p. 74。

（9）同上論文、pp. 74-75。

（10）クーンの歴史授業事例「産業革命と社会的変化」については、同上論文 pp. 76-79、川口プランの授業事例「町の清潔」については、同上論文 pp. 79-82を参照。

（11）池野範男「社会科授業理論の認識論的基礎づけ（Ⅱ）―「子どもの思考を育てる社会科」の場合―」日本教科教育学会編『日本教科教育学会誌』第8巻第1号、1983年、pp. 33-39。

（12）池野範男「批判主義の社会科」全国社会科教育学会編『社会科研究』第50号、1999年、pp. 61-70、池野範男「市民社会科の構想」社会認識教育学会編『社会科教育のニュー・パースペクティブ―変革と提案―』明治図書、2003年、pp. 44-53、池野範男「社会科教育実践で育成すべき学力としての社会形成」溝口泰編著『社会科教育実践学の構築』明治図書、2004年、pp. 52-61、池野範男「社会科の読解力を鍛えるテスト問題」『社会科教育』明治図書、2006年（43(4)－44(3)での連載）等参照。

（13）同上書（2003年）、p. 44。

（14）前掲論文（2006年）、43(8)、p. 123。

（15）池野範男「社会科授業研究の方法―關浩和先生小5「わたしたちの生活と情報」の批判的分析―」社会系教科教育学会編『社会系教科教育学研究』第17号、2005年、pp. 90-93。

（16）池野範男・田口紘子・李貞姫・宇都宮明子「小学校歴史授業の分析とその改善―単元「信長・秀吉・家康と天下統一」をもとに―」『広島大学大学院教育学研究科紀要　第二部』第57号、2008年、pp. 39-48。

（17）池野範男・古賀壮一郎・田口紘子他「社会科授業に関する実証的研究の革新

（2）－中学校地理単元授業の比較分析－」『学校教育実践学研究』第15巻、2009年、p. 155。

（18）池野範男・渡部竜也・竹中伸夫「認識変容に関する社会科評価研究（1）」『学校教育実践学研究』第10巻、2004年、pp. 61-70。

（19）池野範男・竹中伸夫・田中伸・二階堂年惠・川上秀和「認識変容に関する社会科評価研究（2）－小学校地図学習の評価分析－」『学校教育実践学研究』第12巻、2006年、pp. 255-265。

（20）池野範男・竹中伸夫・田中伸・二階堂年惠・丹生英治・田口紘子「認識変容に関する社会科評価研究（3）－中学校公民単元「国際連合について考える」学習の評価分析－」『学校教育実践学研究』第12巻、2006年、pp. 267-282。

（21）他にも、池野範男・小原友行・棚橋健治他「中学校地理授業における学習達成水準の研究（1）－単元「道路は誰のもの？」を事例にして－」『広島大学 学部・附属学校共同研究機構研究紀要』第36号、2008年、pp. 387-395以降、3ヶ年に亘り、第三次報告までなされた研究もある。

3-2 授業開発論

社会形成科社会科における授業開発

1. はじめに

　社会科の究極目標である市民的資質の育成をめざした授業開発論に欠かせないキーワードとして「批判」がある。提示された事実や他者の言動などの真偽や正当性を疑い、他の可能性を考える態度や能力である「批判」は、民主主義社会の維持や発展を担う市民に不可欠と考えられ、社会科教育でも育成がめざされてきた[1]。歴史の領域においても、歴史解釈の無批判的注入を避けることや批判的思考力の育成などを目的にするさまざまな批判的歴史授業開発論が示されてきている。

　本稿は池野範男氏が示した社会科における批判学習の類型とその事例を参考に代表的な批判的歴史授業を概念的に整理することによって、その開発論の方向性の違いを明らかにした上で、歴史授業を現代社会の理解や形成に積極的に役立てる可能性すなわち歴史授業での社会形成者の育成の可能性を検討していきたい。歴史授業では学習者が生きる現代社会から遠く離れた過去の社会を学ぶがゆえに、「批判」の対象や方法が異なる様々な批判的な授業が示されている。それぞれの授業開発論は社会形成者の育成にどの程度関わることが可能なのかを批判的歴史授業の実際とその開発論の比較を通して考えていきたい。

2. 批判的歴史授業の概念的整理

　批判的歴史授業を概念的に整理するための枠組みを図1のように作成した[2]。整理の第一の指標は「批判」の対象と学習者の関わり方であり、歴史

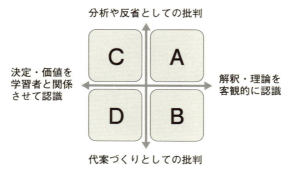

図1　批判的歴史授業の概念的整理

学や社会科学の解釈・理論を学習者に客観的に認識させていくのか、人や事物の決定・価値を学習者と関係させて認識させていくのかであり、図1の横軸に示す。第二の指標は「批判」を分析や反省として行うのか、代案づくりとして行うのかであり、図1の縦軸で示す。代案づくりの場合、主要な「批判」対象である解釈・理論や決定・価値は複数化されることになる。

　図1のような整理に池野氏が取り上げていた批判的歴史授業の事例を当てはめると、図1のAには理論分析学習として原田智仁氏の理論批判学習、Bには解釈の代案づくり学習として児玉康弘氏の解釈批判学習、Cには人々の決定の反省学習として梅津正美氏らの行為の反省学習が該当する。そして最後のDには池野氏とは事例を変え、著者も開発に関わった池野氏らの見方・考え方を育てる学習を取り上げることとする。

3．批判的歴史授業の実際

（1）　A：理論分析学習
①授業の概要

　子どもたちが歴史を社会科学の理論によって説明できるよう、教師の問いかけにこたえながら探求していくことで理論を発見し、それを検証や修正しながら批判的に学習させようとしたのが原田氏の理論批判学習である。

94 第3章 社会科教育論

　事例とされた小単元「イスラム世界の形成と発展」では、時代や地域を越えてイスラム世界に普遍的に該当するイスラム国家理論として、イスラム教徒の共同体であるウンマと、そのウンマと周辺諸部族の政治的統一体であるジャマーアの同心円的二重構造を基本として形成されていたイスラム国家体制の構造が設定される[3]。そしてムハンマド時代、アラブ帝国時代、アッバース朝イスラム帝国の時代、オスマン帝国の時代の4つの時代・王朝において、その理論の説明や修正・発展が行われることになる。

　事例授業の構造を示したのが表1である。1時間目にはイスラム教の特色や広大な領土を支配する勢力に発展したことを確認し、なぜイスラム世界はこのように急速に拡大し、現在まで続いてきたのかが問題提起される。2時間目には、なぜムハンマドが短期間にアラビア半島全土を支配しえたのかが探求され、ウンマを中心としたジャマーアが納税と引換えに信仰の自由と安全保障を約する柔軟な国家構造を有したことを子どもたちに説明させ、理論を発見させる。3時間目にはムハンマド死後のアラブ帝国時代、4時間目にはアッバース朝イスラム帝国の時代を事例に繁栄の理由を探求し、これまで

表1　理論分析学習の構造

	学習過程	学習の構造
1時間目	なぜイスラム世界は急速に拡大し、現在まで続いてきたのだろう。イスラム国家の構造から考えてみよう。	理論の発見・創造
2時間目	イスラム教を創始したムハンマドは、なぜ20年足らずの間にアラビア半島全土を支配することができたのか。	
3時間目	ムハンマドというすぐれた指導者を失ったにもかかわらず、アラブ人がムハンマドに勝る大帝国を築くことができたのはなぜだろうか。	理論の検証・修正
4時間目	アッバース朝は約200年間安定した帝国として栄えるのだが、それはなぜだろう。	
5時間目	オスマン朝はなぜ大帝国の再現に成功し、長期にわたってそれを維持することができたのか。	理論の応用・発展

学んだことをもとにイスラム国家の理論が検証・修正され、5時間目では理論を応用することでオスマン朝でもイスラム法の施行と異教徒への寛容性が帝国発展の源泉であったことが確認される。

②授業開発論の特質

　事例授業は、子どもたちが分析や検証を通して批判的にイスラム国家理論を認識してゆくように構成されていた。授業開発では、歴史を社会科学の理論で説明できることを目標にし、その時点で最も優れた理論を教育内容として準備し、教師の指導の下で分析的に学習させるところに特質があるといえよう。

（2）　B：解釈の代案づくり学習

①授業の概要

　教師が最も優れていると判断した1つの歴史解釈に立脚して授業を構成する原田氏のような授業開発論に異議を唱え、複数の歴史解釈を批判させ開かれた歴史認識形成をめざした解釈批判学習を主張したのが児玉氏である[4]。児玉氏は解釈批判学習において、歴史と現代社会の共通構成要素として人物、事件、政策、地域（異文化社会）、社会変動を主題とした授業開発を行っているが[5]、本稿では政策の評価をめぐる開発授業である穀物法廃止に関するイギリス近現代史の小単元を池野氏が取り上げた事例として示す[6]。

　事例授業の構造を示した表2をもとに授業の概要を説明していこう。導入では、なぜ1846年にイギリス議会は穀物法を廃止したのだろうかと問題が設定される。展開1では地主貴族が望んだ穀物法に対し、国際競争を重視する産業資本家が反対したという廃止理由が第1の解釈として学習される。展開2では穀物法廃止を支持した地主貴族もいたことなどが挙げられ、展開3では地主貴族が投資による利益拡大を望み穀物法を廃止したとする第2の解釈が学習されることで第1解釈への批判と第2解釈の作成が行われる。展開4

96 第3章 社会科教育論

表2 解釈の代案づくり学習の構造

	学習過程	学習の構造
導入	なぜ1846年にイギリス議会は穀物法を廃止したのだろうか。	問題・事例の把握
展開1	穀物法は、なぜ廃止されたのか。	第1解釈の作成
展開2	本当に産業資本家の利益だけが穀物法廃止には反映されたのだろうか。	第1解釈への批判
展開3	なぜ穀物法が廃止されたのか、別の考え方がないかどうか調べてみよう。	第2解釈の作成
展開4	歴史家がなぜ2つの異なる解釈を作ったのか考えてみよう。	解釈の比較・検討
終結	なぜ、穀物法の廃止に関して異なる2つの説明が存在するのだろうか。	歴史観の批判

では両解釈の比較が行われ、第1解釈は産業資本家が地主貴族の反対を押し切って廃止したとするもの、第2解釈は地主貴族たちが投資目的で廃止したとするものであり、支配者が異なるイギリス社会が描かれることが確認される。終結では、穀物法の廃止に関して異なる2つの説明が存在する理由として歴史家の問題関心に応じて、異なる史実が選ばれ、穀物法の廃止の説明（解釈）が作り出されていることが確認され、異なる歴史観が成立する背景が学ばれる授業となっている。

②授業開発論の特質

　事例授業は、子どもたちが第1解釈を批判し第2解釈として代案をつくり、比較検討してゆくことを通して批判的に異なる解釈を認識してゆけるように構成されていた。授業開発では、歴史解釈を批判できることを目標にし、複数の歴史解釈を教育内容として準備し、教師の指導の下で解釈づくりをさせるところに特質がある。

社会形成科社会科における授業開発　97

（3）C：決定の反省学習

①授業の概要

　梅津正美氏と平井英徳氏は、ヨーロッパで魔女狩りが終わった時期に北米植民地で起きたセーラム村の魔女狩り事件を学習することを通して、子どもたちが自己の日常的な行為と社会との関わり方を反省的に吟味する高校地理歴史科世界史B小単元「北米植民地における魔女狩りと民衆意識」を開発している[7]。授業の構造を示したのが表3である。

　導入ではセーラム村の魔女狩り事件の概要として数人の少女たちの悪魔憑きの発作と魔女告発がきっかけだったこと、魔女として200人以上が投獄され、うち20人が処刑されたことが確認される。パートⅠでは魔女裁判に関与した人々の行為や意識と、事件が起こった17世紀末のマサチューセッツ植民地社会の特質を考えることで、魔女告発の連鎖は共同体のストレスの受け皿となり拡大していったことを導き出す。パートⅡではセーラム村の魔女狩り事件を「恥ずべき事件」と評価するか「勇気と良心の勝利」と評価するか討論する。最後のパートⅢでは民衆と魔女狩り事件との関わり方を比較材料に

表3　決定の反省学習の構造

学習過程		学習の構造
導入	セーラム村で起こった魔女狩り事件の概要を確認しておこう。	歴史における行為・社会構造・文化の相互作用関係の事実認識過程
パートⅠ	ヨーロッパで魔女狩りが終わった時期に、なぜ北米植民地では魔女狩りが猛威をふるったのだろうか。	
パートⅡ	セーラム村の魔女狩り事件には、これを恥ずべき事件とする見方と、勇気と良心の勝利とする見方の2つがある。君たちは、どちらの立場でこの事件を評価するか。	学習者自身による歴史的行為の評価基準の再構成の過程
パートⅢ	当時の北米植民地の民衆と魔女狩りとの関わり方を比較の材料にして、私たちの日常的な生活行為と社会構造や文化との関わり方を検討してみよう。	現在生きる生活者としての自己の行為の再方向付けの過程

98　第3章　社会科教育論

して私たちの日常的な生活行為と社会構造や文化との関わり方を検討する。例としては占いや新興宗教の流行には不安定な社会情勢や自分に自信が持てず無批判に信仰に走る現状などが挙げられることが想定されている。

②授業開発論の特質

　事例授業は、子どもたちが自己の日常的な行為と社会との関わり方を反省的に吟味できるように構成されていた。授業開発では、現代社会にも投影できる歴史における過去の人々の行為と社会との関わりを教育内容に設定し、行為と社会の相互作用関係の分析と子どもたち自身の行為に対する反省を促していくところに特質がある。

（4）　D：価値の代案づくり学習

①授業の概要

　池野範男氏らは、ある社会事象に関する理解を構成している枠組みを見方・考え方とし、それを複数化・深化させる授業を開発している[8]。子どもたちにはなかった見方・考え方に気づかせ、異なる見方・考え方によって可視化される規範や価値を既知の規範や価値の代案として学ばせようとする。歴史授業としては小単元「喧嘩両成敗について考える」が開発されている[9]。授業の構造を示したのが表4である。

　導入では2006年サッカー・ワールドカップ決勝戦でジダン選手が相手選手に頭突きして退場処分になった事件を報じる新聞記事の見出しから、加害者も被害者も罰することを示す歴史的用語「喧嘩両成敗」に着目させ、なぜ戦国時代に「人類史的に特異な法」とまで言われる喧嘩両成敗が生み出されたのかを問題として設定する。展開Ⅰでは室町時代は集団主義や相殺主義の考えから紛争や喧嘩が激化しがちであったことを学び、法が生み出された背景を把握する。展開Ⅱでは、歴史研究においては喧嘩両成敗が生み出された理由を考える際、喧嘩両成敗を定めた戦国大名の権力は強かった（「裁定拒否・

社会形成科社会科における授業開発　　99

表4　価値の代案づくり学習の構造

学習過程		学習の構造
導入	なぜ戦国時代に「人類史的に特異な法」とまで言われる喧嘩両成敗が生み出されたのか。	問題の把握
展開Ⅰ	室町時代にどのような紛争や喧嘩がおこっていたのか。	
展開Ⅱ	喧嘩両成敗を定めた戦国大名の権力は強かった（「裁定拒否・強権主義」）のか、弱かった（「裁定回避・平穏主義」）のか。	第1と第2の見方・考え方の提示
展開Ⅲ	「裁定拒否・強権主義」の立場で考えれば、法が伝えたかったこと、法の価値、このような法を生み出したのはなぜか。	第1の見方・考え方の吟味
展開Ⅳ	「裁定回避・平穏主義」の立場で考えれば、法が伝えたかったこと、法の価値、このような法を生み出したのはなぜか。	第2の見方・考え方の吟味
終結	ジダン頭突き事件のFIFAの裁定を伝える2つの新聞記事は「裁定拒否・強権主義」と「裁定回避・平穏主義」のどちらの立場で書かれているか。	第1と第2の見方・考え方の応用

　強権主義」）と想定する第1の見方・考え方と、弱かった（「裁定回避・平穏主義」）と想定する第2の見方・考え方があることが示される。その後子どもたちは、展開Ⅲでは第1の見方・考え方から、展開Ⅳでは第2の見方・考え方から法が伝えたかったこと、法の価値、このような法を生み出した社会を考えていく。最後の展開Ⅴでは、どちらの見方・考え方が正しいかは歴史学でも決着がついていないことが説明されるとともに、導入の新聞記事とそれとは異なる新聞社の記事を示し、ジダン頭突き事件に対するFIFA（国際サッカー連盟）の裁定の報じられ方は第1と第2の見方・考え方のどちらに近いか考えさせる。FIFAの裁定を、暴力や差別を根絶する強い姿勢と見るだけでなく、移民の星ジダンに配慮したと見ることも可能であることを示し、異なる見方・考え方をそれぞれ現代の社会問題へ応用させて授業は終えられる。

②授業開発論の特質

　池野氏を中心とたグループは、紹介した歴史授業以外にも見方・考え方を複数化・深化させる授業を開発しており、子どもたちにはなかった見方・考え方に気づかせ、異なる見方・考え方によって可視化される規範や価値を既知の規範や価値の代案として学ばせようとする。

　事例授業は、子どもたちに歴史事象に対する2つの異なる見方・考え方を提示し、それぞれの理解枠組みに含まれる異なる価値や規範を認識するとともに、現代社会もこれまでとは異なる見方・考え方から認識できるように構成されていた。授業開発では、歴史や社会の見方・考え方の代案を獲得し、それを現代社会へ応用できることを目標にし、教育内容である見方・考え方を複数準備し代案とするだけでなく、それぞれの見方・考え方で、法の内容、法の価値、法が生み出された社会といったように学習内容の質を深めさせるところにも特質がある。

4．歴史授業での社会形成者の育成の可能性

　本稿では、「批判」の対象と学習者の関わり方および「批判」の方法に着目し、代表的な批判的歴史授業を概念的に整理することを通して開発論の方向性の違いを示してきた。最後に歴史授業を現代社会の理解や形成に積極的に役立てる可能性すなわち歴史授業での社会形成者の育成の可能性を検討していきたい。

　図1の横軸で言えば、AやBのように歴史学や社会科学の解釈・理論を批判させ、学習者に客観的に認識させていく場合、教師が選択した解釈・理論と学習者である子どもたちは切り離されたものになる可能性が高い。一方、CやDのように人々の行為や法に含有される価値に目を向け、自己や現代社会の問題としても認識させる場合は、学習の一般的な動機づけとしても歴史学習の意義の明確化としても効果的で、社会形成者の育成にも近づけるのではないかと考えられる。

また図1の縦軸で言えば、AやCのように分析や反省として「批判」を行うことに学習者が慣れた後には、BやDのような代案づくりとしての「批判」を行うことで多様な歴史や社会の分かり方が可能になり、予測不能な未来の社会へ向けて学習者の認識を開かれたものにすることができるだろう。

もちろんDに該当した見方・考え方を育てる学習にも課題は残されている。現代社会の見方・考え方として応用できる歴史的な見方・考え方の設定は困難なことが予想され、実際に開発されている授業事例も少ない。今後、研究・開発を進める必要があることは言うまでもない。

（鹿児島大学・田口紘子）

【註】

（1）池野範男「批判主義の社会科」全国社会科教育学会『社会科研究』第50号、1999年、pp. 61-70、尾原康光「批判的思考」森分孝治・片上宗二編集『社会科重要用語300の基礎知識』明治図書、2000年、p. 94など。

（2）池野範男「社会科教育における批判の類型―言語論的転回以後のアプローチ―」（全国社会科教育学会第51回研究大会自由研究第12分科会発表資料、2002年）の類型表を改変。

（3）原田智仁『世界史教育内容開発研究―理論批判学習―』風間書房、2000年、pp. 312-331。

（4）児玉康弘「中等歴史教育における解釈批判学習―『イギリス近現代史』を事例として―」日本カリキュラム学会『カリキュラム研究』第8号、1999年、131-144。

（5）児玉康弘『中等歴史教育内容開発研究―開かれた解釈学習―』風間書房、2005年、pp. 171-195。

（6）前掲論文（4）。なお本小単元は前掲書5にも掲載されており、授業に違いが見られる。たとえば導入では、2001年4月のセーフガードの発動理由とそれに対し賛否両論の意見があることが確認され、歴史上の類似した政策論争として19世紀イギリスの穀物法論争を学ぶように動機づけされている。本稿では代表的な批判的歴史授業の開発論を概念的に整理するために前掲論文（4）の授業を事例とした。

（7）梅津正美・平井英徳「行為の反省過程としての歴史学習―高校地理歴史科世界史B小単元『北米植民地における魔女狩りと民衆意識』―」社会系教科教育学会

『社会系教科教育学研究』第13号、2001年、pp. 61-70。

（8）池野範男ほか「『国家・社会の形成者』を育成する中学校社会科授業の開発―公民単元『選挙制度から民主主義社会のあり方を考える』―」日本社会科教育学会『社会科教育研究』No. 91、2004年や池野範男ほか「小学校社会科における見方・考え方の育成方略―単元『地図とはどのようなものでしょうか？地図について考えてみよう！』を事例として―」『広島大学大学院教育学研究家紀要第二部』第53号、2005年など。

（9）田口紘子ほか「見方・考え方を育てる中学校歴史授業の開発―小単元『喧嘩両成敗について考える』の場合―」『広島大学大学院教育学研究科紀要』第2部第55号、2006年、pp. 115-123。本論文は、著者に池野氏の名はないが、註8の継続研究として、池野氏の指導のもとで執筆されたものである。

3-3 カリキュラム論（ドイツ）

社会科教育学研究方法としての
外国研究・歴史研究の意義
―池野範男の諸論考の場合―

1．外国研究・歴史研究へ投げかけられる疑問

「外国や過去のことなんて研究して、何の役に立つのですか？」、「それは研究のための研究ではないのですか？」――外国研究や歴史研究と呼ばれる外国や過去の社会系教科教育について取り扱う研究に対して、このような疑問が投げかけられることがある。これらは外国研究や歴史研究の意義を問うている。日本の現在の社会科教育を改善したり改革したりするために外国研究や歴史研究は役立たないのではないかというわけである。

外国研究や歴史研究に取り組んでいる者であれば、こうした疑問に対する回答をもっているのではないか。尤も、それらは一様ではなかろう。というのは、そもそも社会科教育研究観が同一とはいえないからである。拠って立つ社会科教育研究観が異なれば、外国研究・歴史研究観が異なり、社会科教育研究にとっての外国研究や歴史研究の意義づけは違ってこよう。

それでは、批判主義社会科論の池野範男による外国研究や歴史研究の論考は、冒頭の疑問にどう回答するものになっているであろうか、そう回答するのはどうしてであろうか。外国や過去の社会系教科教育について取り扱った氏の論考は数多く、本稿では現在や過去のドイツに対象を求めたカリキュラム研究に注目したい。それらとて1つのタイプには収まらない。日本の現在の社会科教育との関係性において大凡、3つのタイプを見出すことができる。各々を代表的な論考に即して取り上げ、外国研究・歴史研究観を読み取り、

104　第3章　社会科教育論

社会科教育研究観と結びつけることにより、疑問に対する一つの回答とその訳を探りだそう。それは池野が批判主義社会科論を打ち立てるまでに精力的に取り組んだカリキュラム研究について見直すことにもなろう。

2．異なる存在の把握のための外国研究・歴史研究

　1つめは、外国や過去の社会系教科教育の実践・理論の分析に傾注している論考である。その代表的事例として、池野（1978）を取り上げよう。

　池野（1978）は、氏のデビュー論文である。これは1970年代初めにヘッセン州の前期中等教育段階（第5～10学年）に導入された総合社会科ゲゼルシャフトレーレについて扱っている。Ⅰ「はじめに」、Ⅱ「従来の政治的陶冶計画編成観の問題性」、Ⅲ「GL の学習目標構想」、Ⅳ「カリキュラムの内容構成とその特徴」、Ⅴ「おわりに」という5つの章からなっている。

　Ⅰでは、ドイツにおける社会科の誕生を意味するゲゼルシャフトレーレを紹介し、研究課題を示す。学校改革の一環としての導入の経緯、この教科のカリキュラム形態を概略し、日本の社会科と異なって前期中等教育段階で総合社会科を採用するヘッセン州ゲゼルシャフトレーレのカリキュラム構成の解明を中心課題として設定している。

　Ⅱでは、同州における地歴公のカリキュラム改革のねらいを整理する。伝統的な発達心理学への依拠、学校形態別のカリキュラム、歴史学・地理学等の専門科学の内容を基準とする教材構成、それらの実践上の帰結を説明し、民主主義社会の政治的陶冶のためにゲゼルシャフトレーレが構想されたとまとめている。

　Ⅲでは、ゲゼルシャフトレーレの教科目標を分析する。政治的社会的現実の分析と「民主主義社会の『社会的過程の一部』」としての学習の把握、そのような基礎づけによる「自己決定と共同決定」の能力育成という最上位目標の設定、また、「社会的現実の基本構造を認識できること」と「根拠づけられた意見表明ができること」、「熟考された行為を実行できること」という

側面別の行動的目標の関連性、さらに、一般的学習目標への分解による構造化を明らかにしている。

Ⅳでは、認識形成と資質育成を切り離して考えずに一体的に目指す内容構成について分析する。現代社会の学習対象化、諸個人の社会的被拘束性の観点に基づく４分野構成、「現代問題の具体的状況」と「その状況を解明するのを助ける歴史的地理的問題」を基準とするテーマ設定、現代社会の分析のための歴史や地理の手段化、目標を学年段階の進行に沿って繰り返し取り上げる螺旋的構造について考察し、総合社会科の構成を明らかにしている。

最後に、Ⅴでは、学習目標の基礎づけの重要性を改めて指摘し、学習目標志向に基づく総合社会科としての構成のポイントをまとめている。

この論考は、中等総合社会科の事例分析を本旨としている。けれども、池野が批判主義の社会科論の構築に向けて、その第一歩を踏みだした萌芽的研究と位置づけることもできるものである。外国の総合社会科を目標と内容・方法から分析し、認識形成と資質育成の統合をねらうカリキュラム構成の論理や特質を明らかにしている。基盤となる民主主義社会の遂行とこの教科の学習との関係についても扱っている。日本の社会科教育には殆ど触れていないが、中等総合社会科という未知であるとともに現状と大きなコントラストをなす存在を解き明かし、そうして「自己決定と共同決定」に基づく民主主義社会の遂行のための教科として対置することで、日本のカリキュラム構成が唯一絶対ではなく別様にもありうることを示すものとなっている。外国研究という方法によるカリキュラム研究により、他の可能性や選択肢を発見・解明し、固定観念をゆさぶることで社会科教育の現状に疑問の眼を向けてみるように問題提起しているといえる。

こうした論考には、日本の現在の社会科教育と異なる存在、別の有り様を把握するための手段となる研究の方法という外国研究・歴史研究観を読み取ることができる。現状の実践・理論を自明視し絶対化していては、改善や改革は始まらない。そこで、単なる紹介、空間的・時間的な空白埋めではなく、

106　　第3章　社会科教育論

ねらいに基づき、現状と全体的あるいは部分的に対照的な対象を外国や過去に求める。そうして基本枠組をつくる目標・内容・方法の3要素からシステム論的に捉え、認識形成と資質育成の関係、教科の学習と社会の関係という基底にも着目し、未知の存在の論理や根拠を解き明かす。そうすることで、社会科教育に関係する人たちが一旦距離をとって現状を見つめなおすための拠点や代案を探るための手がかりをもてるようにする。現状を相対化し、どうあるか、なぜそうあるか、このままでよいか、どうあるとよいかなどと問いをうみだすように、そして新たな社会科づくりに向けて検討を始動するように促すのである。

3．既存の有り様の吟味検討のための外国研究・歴史研究

　2つめは、外国や過去の社会系教科教育の実践・理論の分析に基づいて日本の社会科教育の現状についてアプローチしている論考である。池野(2001a) をその代表的事例として取り上げよう。

　池野 (2001a) は、1998年提出の学位論文を補訂し公刊したものである。氏は70年代末から80年代に当時の西ドイツの歴史教育理論の分析をすすめた(池野、1980、1984、他)。その後、80年代から90年代に長期にわたって取り組んだのが、現在の歴史教育の理論的歴史的起源といえる近代ドイツ歴史教育理論の分析である。この論考はその成果を集大成した大著であり、序章「本研究の意義と方法」、第一章「18世紀後半ドイツの歴史教育の状況と課題」、第二章「歴史内容領域の変革過程」、第三章「歴史教育内容編成論の展開過程」、第四章「近代歴史カリキュラム理論の成立過程」、終章「総括と課題」という6つの章からなる。

　序章では、「現在の歴史教育の問題は近代歴史教育に内在するものであり、その内在する問題を明らかにしない限り、問題の本質がみえてこない」とし、近代歴史教育の成立を特定し原理と構造とともに機能を明らかにすることを研究課題として設定する。そのために近代ドイツについて取り上げる理由と

して、「近代学校教育において最初に歴史教育が位置づけられたこと」、「わが国への影響が大きかったこと」、「近代ドイツで成立した歴史教育理論は現在も脈々と生き残っていること」の3点を挙げている。

第一章では、学校のカリキュラムに歴史が導入されていく過程で歴史教育が直面した2つの課題を明らかにする。第1の課題は、「キリスト教的普遍世界の認識」ではなく「世俗世界の認識」を可能にすることであり、内容の変革である。第2の課題は、どのような現実の世界の認識を内容としてどのように編成するかを理論化することであり、内容の編成である。

第二章では、18世紀半ば以降における内容の変革という第1の課題の解決について扱う。歴史を宗教教育の一環として位置づける「神の歴史としての普遍史教授論」の克服をめざした「人間の歴史としての世俗史教授論」を3類型に分け、各類型を諸事例に即して分析し比較吟味する。内容領域の開発による多様な歴史教授論の形成を解明し、歴史教育内容の世俗化を跡づけている。

第三章では、18世紀末以降における内容の編成という第2の課題の解決について扱う。三コース地理カリキュラム論を先鞭にして開発された多コース型歴史カリキュラムと歴史科論を4類型に分け、各類型を諸事例に即して分析し比較吟味する。それによってカリキュラムの構成による多様な歴史科論の形成を解明し、世俗化した歴史教育内容の多様な編成原理の開発を跡づけている。

第四章では、第二・三章を踏まえ、歴史教授論や歴史カリキュラム論が多様化し競合するなかで成立した近代歴史科を特定し、成立根拠や特質を解明する。国民形成のための学校カリキュラム改革、それとの同調による陶冶論に基づく歴史科の成立を跡づけ、陶冶論を教育原理とする基本的構造と間接的な政治教育という社会的機能を明らかにしている。そうして、政治的陶冶としての歴史教育と性格づけ、認識形成による資質育成という二目的二重構造、政治化の志向、国民国家のための自然主義的な国民意識形成について、

現代の歴史教育の特質や課題と結びつけて検討している。

　終章では、理論的・政治的社会的な選択による近代歴史科の形成を跡づけ、理論構造と機能構造、特質についてまとめる。そして、近代歴史科の特性の継承と喪失、それらによる歴史の客観性の想定、陶冶性などの歴史そのものの教育力の想定という現代歴史教育の根本的問題について論じている。

　この論考は、歴史教育の理論的歴史的な成り立ち、そして現在に至る歴史教育の本質と問題を見定めるべく、近代歴史科の成立史を体系的総合的に考察し、成立期の歴史教育の原理、内的構造と社会的機能を世界で初めて解明している。そうして成立期と関連づけたり比べたりし、現在の歴史教育まで通底する理論的枠組を見極めている。歴史教育はなぜそうなっているか、問題の根源はどこかという現在的関心から過去に遡り、成立史を別の可能性もありえた課題解決の過程として相対化して再構成し、現在に受け継がれた認識形成と資質形成の統合の論理、国家のためのその理由や根拠を批判の俎上にのせているわけである。歴史研究によるカリキュラム研究であると同時に本質・原理研究であり、歴史教育の有り様を吟味検討するために歴史研究という方法をとっている。

　こうした論考には、既存の社会科教育の有り様を吟味検討するための研究の方法という外国研究・歴史研究観を読み取ることができる。異なる存在の把握は現状の実践・理論の問い直しを可能にしても保証するわけではない。目標・内容・方法の基幹をなす認識形成と資質育成の統合の論理、その基盤となる社会との関係まで見極めて対象化し、問題はないか、どこが問題か、なぜ問題かと現状そのものを熟考する必要がある。そのように批判的に問い直すために外国研究や歴史研究を活かす。例えば、外国や過去の実践・理論との関連づけにおいて吟味検討したり比較において吟味検討したり、外国や過去の典型的な事例やケースに代表させて吟味検討したりすることなどが考えられる。それらによる批判的な吟味検討は、社会科教育に関係する人たちが現状に向き合って対象化し自分の頭で改善や改革を考えるための条件を整

えることにもなる。

4．新たな在り方の構築のための外国研究・歴史研究

3つめは、社会科教育の改善や改革の提案のために外国や過去の実践・理論を分析している論考である。全国社会科教育学会『社会科研究』の第50号記念論叢に掲載された池野（1999）を代表的事例として取り上げよう。

池野（1999）は、西ドイツで1970年代から80年代にかけて出版された総合社会科シリーズ『中等政治的陶冶』について扱っている。これは池野がデビュー論文（池野、1978）で取り上げたゲゼルシャフトレーレの改良版をねらって作成されたものとされる。その分析を手段にして批判主義の社会科論を提起しているのが、この論考である。それは、0「問題の所在」、1「研究の目的と分析対象」、2「『中等政治的陶冶』シリーズの構成と内容編成原理」、3「単元構成と社会批判教授の論理」、4「結語」という5つの章からなる。

0では、社会科の存立に関する問題の所在を明らかにする。「社会認識を通して市民的資質を育成する」教科という定義に由来する原理的問題を論じ、「社会科教育は何のために行われるのか」を問う。そして、国民教養主義、科学主義、生活主義という主要な社会科論による答えを検討し、「学習対象以外には、社会的な判断やその制度化において社会との関係を（十分に）もたない」という共通の問題を指摘する。

1では、その問題を解決し社会科の意義を構築するための基本方略を論じ、研究の目的と分析対象を説明する。その方略とは、「市民的資質の内実を明確にし、社会認識として教育の内容や方法に実質化すること」である。社会形成を遂行する市民として必要な「批判」の能力や態度こそが社会科が実質的に掲げるべき目標であるとし、「批判」を内容や方法に実質化する社会科について、カリキュラムの事例の分析を通して提示し意義づけることを研究目的として設定している。その事例が、『中等政治的陶冶』である。

110 第3章 社会科教育論

2では、『中等政治的陶冶』の5分野からなる全体レベルの内容編成原理を考察する。ミクロとマクロという社会のレベル、及び、社会の構成関係によって、5分野構成を整理し、既存の社会に対して距離をとって批判吟味できるように社会の諸関係全体をカバーしていることを明らかにしている。

3では、単元レベルの構成原理と学習原理を事例の分析によって考察する。問題に基づく構成により、学習者が問題の解決に取り組む社会的問題解決の原理、授業の構造への議論の構造の組み込みにより、学習者が事実レベルの理由づけと価値レベルの根拠づけによって問題解決を批判的に探る批判的研究の原理を捉え、民主主義社会形成の過程としての組織を明らかにしている。

4では、批判主義に基づく社会科の特徴と意義をまとめる。社会の認識を社会の批判的認識に位置づけなおし、内容と方法に「批判」を実質化させ、「批判的（対抗的）公共性」が基底となることを指摘し、学習者自身が民主主義社会形成を遂行する批判主義の社会科の特徴と意義を整理する。そうして、「社会科は社会を批判的に作っていくという民主主義社会の原理を教授原理に据えることによって、ようやく民主主義社会の教科になる」と結論づける。

このように池野（1999）は、社会科の存立問題を明らかにし、その解決のための方法として外国研究を採用する。批判主義に基づくことで、目標・内容・方法を社会の論理で貫き、認識形成と資質育成を二分化せず、民主主義社会形成と同等な学習において社会形成の能力を育てられること、それによって社会科の存立問題を解決できることを外国の事例の分析によって明らかにし、新たな社会科論を構築し意義づける。国民教養主義社会科の問題はもちろん、科学主義社会科の限界をも乗りこえるための教科主義からの脱却、批判主義社会科という実用主義の範疇における新たな社会科の形成によるパラダイム転換を提起しているのが、この論考である。外国研究によるカリキュラム研究であるとともに本質・原理研究であり、社会形成という民主主義社会の原理で貫かれ名実ともに社会科と呼べる教科の基本的な在り方を根拠

づけている。この論考を皮切りに池野は批判主義の社会科論、市民社会科論の研究を推し進めていくことになる（例えば、池野2001b、2003、2008、等々）。確かに、具体的なカリキュラムの開発には未だ十分に踏み出していないという課題はある。とはいえ、理論整備とともに授業開発を発展的に展開させ、社会形成教育の研究を今日まで牽引してきている。

　この池野（1999）に読み取れる外国研究・歴史研究観は、より妥当と認められる新たな在り方を構築するための研究の方法というものである。既存の社会科教育を乗りこえられる代案を形成するため、問題解決の方向や方途を探ったり根拠づけたりする手段として、それに適う実践・理論を外国や過去に求めて分析する。そうした外国研究や歴史研究による形成的研究は、目標・内容・方法、認識形成と資質育成の関係や教科の学習と社会の関係の分析に基づいて新たな在り方を正当化し、関係する人たちに提起し議論を喚起する。そこでは外国や過去の社会系教科教育を研究するのではなく、外国や過去の社会系教科教育で研究するという側面が形式的にも前面にでてくることになる。

5．社会科教育の批判的形成のための意義

　池野は現在や過去のドイツに対象を求め、教科の教育の基本枠組をつくるカリキュラムの研究を展開し、批判主義社会科論の構築に結実させた。池野の諸論考に読み取れる外国研究・歴史研究観のポイントとして、3点が挙げられる。第1は、本質・原理研究、カリキュラム研究、授業研究、評価研究などのような研究の領域ではなく、それらに取り組む研究の方法とみなすこと、第2は、社会科教育の現状と異なる存在、別の可能性や選択肢を把握したり、既存の有り様を吟味検討したり、より妥当と認められる新たな在り方を構築したりするための手段とすること、第3は、それらで対象の選定は異なるものの、基本要素の目標・内容・方法とともに、基幹をなす認識形成と資質形成の関係や基盤となる社会との関係を主要な分析視点とすることであ

112 第3章 社会科教育論

る。氏の社会科教育研究観と結びつけて検討しよう。

氏にとっての社会科教育研究とは、社会科教育学としてのそれである。氏によれば、教育学・心理学とも、専門科学とも異なり、教科教育学は「目標－内容－方法の関連」という独自の視点をもち、「理論と実践、研究と提案の両方を行き来し、教科教育実践の改善・改革をめざす」（池野、2015：100）。「自然科学のような純粋科学（Science）」ではなく、「新しい成果を作り出す開発研究（Study）」である（池野、2015：101）。社会科教育学の研究も目標・内容・方法という視点に基づく開発志向の研究ということになる。

社会科教育だけでなく社会科教育学研究でも批判主義に立つ氏の立場では、それは社会形成の一環であり、批判と正当化に基づき、民主主義社会の社会科教育はどうありうるかを不断に追究することである（池野、1999、2001b、2008、参照）。「社会科はいまだ完成していない、未完の社会科」（池野、2003：47）である。何より、認識と資質の捉え方を二項対立ではなく二項媒介へ改めなければ、現状をよりよく変革できないし、実質的内容を国家中心ではなく社会中心へ改めなければ、そもそも「社会」科の存立すら不可能である（池野、2003：45-46）。研究者や教育実践者が既存の社会科教育を相対的なものとみなし、合理性や正当性を問い、より妥当と認められるものをうみだすとともに、それらをめぐる議論をすすめ、二項媒介や社会中心への転換、民主主義社会の社会科教育を追究していくことが重要と考えていよう。

そのような社会科教育の批判的形成のための研究方法は勿論、外国研究や歴史研究だけではない。とはいえ、ねらいに応じて対象を選定し、目標・内容・方法に加え、認識形成と資質形成の関係、また教科の学習と社会の関係という根底を問う原理的分析の視点をとるならば、それらは現状と異なる存在を把握したり、既存の有り様を吟味検討したり、より妥当と認められる在り方を構築したりするために働き、社会科教育学研究における新たな批判的形成を支えることができる。外国研究や歴史研究をそのような手段として意義づけるからこそ、そして二項媒介や社会中心への転換、民主主義社会の社

社会科教育学研究方法としての外国研究・歴史研究の意義　113

会科教育を追究するためにこそ、氏は分析対象を現在や過去のドイツに求めたのであろう。

　「外国や過去のことなんて研究して、何の役に立つのですか？」、「それは研究のための研究ではないのですか？」——外国研究や歴史研究は研究の方法であり、つまりは手段である。その目的は、社会科教育の現状と異なる存在の把握、既存の有り様の吟味検討、より妥当と認められる在り方の構築である。これらは未完の教科である社会科の教育を改善・改革し、民主主義社会の社会科教育を不断に追究していくために重要である。手段である外国研究や歴史研究を自己目的化せず、ねらいに基づく対象の選定や社会との関係という根底までを問う分析の視点に留意し、そのような新たな形成に向けた研究の方法として活かすならば、それらは有用となりうる。冒頭の疑問に対し、池野の諸論考はこう答えるものとなっていよう。こうした回答になるのは、氏が社会科教育とともに社会科教育学研究でも批判主義に基づき、社会科教育の批判的形成を重視するからである。批判主義の社会科教育学研究では、外国研究や歴史研究は社会科教育の批判的形成のための手段として採用され意義づけられるわけである。

　外国研究や歴史研究をめぐっては他の考えもありうる。外国研究や歴史研究の在り方を問うことで社会科教育学研究の在り方を問うことが可能であるし必要であろう。

（山梨大学・服部一秀）

〈引用・参考文献〉
・池野範男「西ドイツヘッセン州『ゲゼルシャフトレーレ』のカリキュラム構成」、『社会科研究』26、1978、pp. 50-59。
・池野範男「西ドイツ歴史授業モデル研究」、『社会科教育研究』43、1980、pp. 45-55。
・池野範男「西ドイツ歴史教授学のパラダイム変換」、『広島大学教育学部紀要』2-32、1984、pp. 105-114。

114 第3章 社会科教育論

- 池野範男「批判主義の社会科」、『社会科研究』50、1999、pp. 61-70。
- 池野範男『近代ドイツ歴史カリキュラム理論成立史研究』、風間書房、2001a。
- 池野範男「社会形成力の育成」、『社会科教育研究』2000年度研究年報、2001b, pp. 47-53。
- 池野範男「市民社会科の構想」、社会認識教育学会編『社会科教育のニュー・パースペクティブ』、明治図書、2003、pp. 44-53。
- 池野範男「社会科の可能性と限界」、『社会科教育研究』104、2008、pp. 6-15。
- 池野範男「教科教育に関わる学問とはどのようなものか」、日本教科教育学会編『今なぜ、教科教育なのか』、文溪堂、2015、pp. 99-102。
- 伊東亮三・池野範男「西ドイツ社会科の学力観」、朝倉隆太郎・平田嘉三・梶哲夫編『社会科教育学研究』5、明治図書、1981、pp. 156-167。
- 草原和博・溝口和宏・桑原敏典編著『社会科教育学研究法ハンドブック』、明治図書、2015。
- 森分孝治「社会科教育学研究の課題と方法」、社会系教科教育学会第10回研究発表大会講演資料（1999年2月13日、兵庫教育大学）、1999。
- 全国社会科教育学会『社会科教育学研究ハンドブック』、明治図書、2001。

3-4 カリキュラム論（イギリス）

向上主義学力論とカリキュラムの意義
―イングランドを事例に―

１．新学習指導要領の特質

　平成29年３月に小学校・中学校の次期学習指導要領が公示された。今回の改訂にはいくつかポイントがあるが、「社会に開かれた教育課程」を重視したこともその一つである。そのために、子どもたちに求められる資質・能力を明示し社会との共有を目指し、その確実な育成を志向したといえるだろう。また新学習指導要領は、現在の学習指導要領の枠組みや内容を維持した上で、それを行ったことにも特徴がある。

　では、新学習指導要領において求められる資質・能力とは、具体的には何か。例えば小学校学習指導要領社会では、冒頭の目標において、国家及び社会の形成者に必要な資質・能力の基礎として、①社会生活について理解（知識）、②適切に調べまとめる技能、③多角的に考え（思考力）、④選択・判断する力（判断力）、⑤適切に表現する力（表現力）、⑥主体的に問題解決しようとする態度、⑦誇り、自覚、愛情といった人間性、といったいくつかの要素が確認できる[1]。新学習指導要領は、これらの各要素を①知識及び技能、②思考力、判断力、表現力等、③学びに向かう力、人間性等の三つに類型化し、各学年の目標や現行を踏襲した各内容項目においても、それらを連動させて示すことで一貫してその実現・育成を目指していると指摘できる。目標を明確化し、各内容項目との整合性を実現するという観点からは非常に意欲的とまとめられるだろう。しかしながら、二つ考えてみたい。一つは上記①～⑦の各要素を育成できたとして、果たしてそれは社会科の究極的な目標である

116　第3章　社会科教育論

国家及び社会の形成者の育成にどのように寄与しうるのかという問題である。二つは、目標実現のための内容編成として最適かという問題である。すなわち内容や方法は目標を実現するために編成されるものであるが、現行の内容を踏襲した上でそれに目標としての資質・能力を冠した場合、先に内容があり、その内容でもできる目標の育成にしか寄与しないのではないかということである。

　我が国の学習指導要領は、今回の改訂以前から、目標をいくつかの観点に分けて表示してきており、こうした目標の示し方に表象される学力論を、池野氏は要素主義学力論として、その特質と限界を批判的に説明している[2]。本節では、要素主義学力論の特質と課題について池野氏の論を参照しながら説明したのち、その克服方法としての向上主義学力論について、その具体例といえるイングランドの1991年版ナショナル・カリキュラム「歴史」（以下91版「歴史」と略記）[3]を手がかりに考察したい。その後、上記二つ目の課題についての克服方略も同カリキュラムは示していると判断できるので検討したい。

2．要素主義学力論の特質と限界

（1）要素主義学力論とは何か

　要素主義学力論とは、ブルームたちの考えを基盤にしており、目標分類学の考えに基づき、教師が実行可能な形で教育の指導と評価を進める方法として開発された[4]ものである。では、理論的基盤であるブルームの学力論の特質とはいかなるものか。池野氏はそれを、要素への分解と階層段階化[5]と説明する。要素への分解とは、ともすれば抽象的で壮大になりがちな全体目標を、いくつかの要素（観点）に細分化し、具体的で達成可能なものへと分解したことである。新学習指導要領の社会科の目標にひきつければ、国家及び社会の形成者の育成を三つの資質・能力に類型化したことがまさにこれに当たる。しかしながら前項で指摘した通り、こうしたことが先の疑問点である

「各要素を育成できたとして、果たしてそれは社会科の究極的な目標である国家及び社会の形成者の育成にどのように寄与しうるのか」に直結するものと解釈できる。ただし、目標をいくつかの要素に分解し、さらに大きな目標を細かく分けて提示することで、子どもたち一人一人が達成することができるようになるとともに、達成できたかどうかを見極めることも可能になるとまとめられる。ブルームらの学力論は、そうして要素に分解した目標を階層化して示したことにもその特質がある。要素・分解した観点別の目標を低次なものから高次なものへと階層的に提示・配置するということである。これによって、目標の達成段階を、教師と学習者双方が確認可能になるとまとめられるだろう。

（2）要素主義学力論の限界

　ならばこうした学力論の何が問題と言えるのだろうか。池野氏は、同学力論に関して、課題を二点指摘している。①総合性の評価の放棄、②目標の評価の放棄[6]である。それぞれいかなることか。

　一点目は、前項で指摘した、新学習指導要領の課題に還元できる。すなわち、個別要素の集合として学力を構成するため、各要素の和としてのみ総合性を評価するしかないという課題である。民主主義社会に生きる市民の育成という本来の目標実現のためには、どこかで各要素を関連付け総合化を図らなければならないはずだが、要素主義学力論においては、そうしたことがなされない。それは新学習指導要領においても克服できていないのではないだろうか。

　二点目は、同学力論に評価の計画が加わることで発生する課題である。評価と結びつかなければ真の学力論たりえないが、要素主義の場合、個別の要素は学習活動の各々に、個別に割り当てられる。すなわち、別々の場面で別々に評価されることになるということである。確かに別々の場面で各要素を別々に測定することは、計画上は可能かもしれないが、あまり現実的では

118　第3章　社会科教育論

なく、またもし実現できたとしても、あくまでも各要素の評価としての情報しか得られず、結果として単元全体の目標の評価となっているとは限らないという問題である。池野氏はこうした評価計画は、〈目標つぶし〉として批判されることがある[7]と述べている。

　こうした評価計画では、ある瞬間にある要素が到達・実現できていたかを静的に測定することにつながりかねず、学力を要素（点）の集合すなわち平面的にとらえてしまうことになる恐れがある。本来子どもの学力は、学習を通じて向上・成長するものであるから、そうした向上・成長を動的にとらえる評価計画が必要といえるだろう。とすれば、その向上・成長の方向性を規定しうる目標の層構造こそが重要となり、その根拠たりうる各要素のシークエンス（順序性、階層性）も重要といえる。しかしながら、新学習指導要領を確認すると、特にこの階層性に疑問があるのではないだろうか[8]。

　では、いかなる学力論、カリキュラム構造が望ましいのか。91年版「歴史」の構造と原理を手がかりに考察しよう。

3．91年版「歴史」の特質

（1）到達目標の構造と原理

　まずは91年版「歴史」が目指す学力が示された到達目標から検討しよう。表1として、91年版「歴史」の到達目標の一覧を示した。91年版ナショナル・カリキュラムでは、5歳から16歳までの11年間にわたって歴史を学習することが求められており、その歴史の学習において実現すべき目標として「歴史の知識と理解」、「歴史の解釈」、「歴史的資料の活用」の三つの到達目標が、レベル1～10に分けて段階的に示されている。最終的なレベルに至るための下位のレベルであることが明確であるから、シークエンスが明確に設定された、系統的・段階的な目標と位置付けられる。そのため、学習者の今後の発展的な向上の方向性を見通しつつ現在の学習を実施することができる。

　また、我が国の学習指導要領同様に、到達目標が三つに分類されてはいる

向上主義学力論とカリキュラムの意義　　119

表1　1991年版ナショナル・カリキュラム「歴史」の到達目標

レベル	到達目標1： 歴史の知識と理解 歴史的変化や原因を記述、説明し、歴史における様々な特徴を分析する能力	到達目標2： 歴史の解釈 歴史における複数の解釈を理解する能力	到達目標3： 歴史的資料の活用 歴史的資料を利用し、その信頼度や価値を判断する能力	KSへの配当
10	複雑な歴史的状況を記述し、分析し、説明したことによって生じる諸問題について理解する	歴史を可能な限り客観的にしようとすることに含まれる問題点に理解を示す	歴史的証拠の不確実的本質を説明する、すなわち歴史的資料に基づく判断は暫定的であるかもしれないということに気づく	↑
9	原因、動機、結果がどれほど相互に関連する可能性のあるものであるかについて理解する なぜ、個人が必ずしも自分が属する集団や社会に共通の理念や態度を形成するものではないのかを説明する	異なる集団や社会が異なる方法で歴史を解釈し、利用している理由を説明する	資料というものは、それを必要とする問題に依存して、多少なりとも役に立つものであることを理解する	
8	いくつかの関連する諸原因の相対的重要性を説明する 複雑な歴史的状況における人々の理念や態度や環境が多様であることを理解する	態度や環境が歴史的出来事や発達に対する個人の解釈にどれほど影響しうるかを理解する	どのようにすれば信頼できない資料でも、役立てることができるかを理解する	↑
7	変化の類型は複雑なものとなりうるものであることを理解する ある歴史的出来事における諸原因がどれほどつながりを持つものであるかを理解する さまざまな人の理念や態度はしばしば、その人が暮らす環境に関係するものであることに気づく	歴史的出来事や発展に対する異なる解釈の長所と短所を記述する	それが作り出されたときの状況に照らし合わせることで、ある歴史的資料の信頼度や価値を判断する	

6	変化と進歩が一様ではないということに理解を示す	歴史的解釈がどれほど資料の選択に依存するかということを例示する	ある特別な研究に対する証拠としてのいくつかの歴史的資料の有効性を比較する
	原因と結果の重要性が変化しうるものであることを理解する		
	ある歴史的状況におけるさまざまな人のさまざまな理念や態度を記述する		
5	さまざまな種類の歴史的変化を区別する	一般的な説明も含め、過去の解釈はこれまで理解されてきた解釈とは異なることもあるということを理解する	ある特別な研究に対する証拠としての内容に言及することである歴史的資料の有効性を論じる
	異なるタイプの原因と結果を確認する		
	ある歴史的状況における諸特徴がどれほど相互に関連しあっているかを理解する		
4	時間の流れとともにあるものは変化し、またあるものは変化しないということを認識する	証拠が不足すると、過去に対して異なった解釈をすることにもなるということを理解する	異なる歴史的資料から引き出される情報を組み合わせて活用する
	歴史的出来事には普通、一つ以上の原因と結果があるということに気づく		
	ある時代のほかとは異なる特徴を記述する		
3	時間の流れに伴う変化を記述する	事実と解釈を区別する	歴史的資料から類推する
	歴史的出来事や発展に理由付けする		
	過去の時代ごとの違いを確認する		
2	有名な事象を年代史的秩序の中に位置付ける	過去に関するそれぞれの物語は、おこったできごとについてさまざまな説明を加えることが可能となることを理解する	歴史的資料は過去に関する疑問を喚起させ、それに答える助けとなることを理解する

	過去に人々がそのように行動した理由を主張する			
	過去と現在の違いを確認する			
1	過去についての出来事を年代順に並べる	物語は実在の人物についてのものかあるいは、架空の登場人物のついてのものであるということを理解する	歴史的資料から獲得した情報を伝達する	
	個人の行為に理由付けする			

Department of Education and Science, *HISTORY in the National Curriculum*（*England*）、HMSO、1991.、より筆者訳出。

が、それぞれを、歴史を認識する際の見方・考え方、歴史というものに対する本質的理解、歴史を認識するための主要技能の獲得、とみなすことが可能で、三つを総合すると、何らかの知識を習得することが目的ではなく、全体を通して学習者が歴史を様々な視点から批判的に分析、解釈できるようになること、つまり、内容よりも方法を重視した教育目標が設定されているとまとめられよう。

上記の目標を、各 KS（キー・ステージ、義務教育段階【5 歳～16歳】を四つに分けたもの）に複数設定（KS1【5 ～7 歳】：レベル 1 ～ 3、KS2【7 ～11歳】：レベル 2 ～ 5、KS3【11～14歳】：レベル 3 ～ 7、KS4【14～16歳】：レベル 4 ～10）することで、各 KS でのおおよその到達段階を示している。方法を重視した目標が複数年に及んでいることで、その都度登場すると思われる多様な教材の学習そのものを目的とするのではなく、それを事例に見方・考え方といった認識の視点や方法の獲得を目的とした学習が、必要に応じて繰り返し実施可能といえる。

また各 KS において複数のレベルの目標が設定されていることに加え、この時設定したレベルに KS 間で重なりがあるということは、細分化された目標が要素に分解され、学年や単元と個別にバラバラに結び付いていないということの証左であり、子どもたちが獲得している既存のものを見極めたうえ

で有効に利用・活用し、教師の支援によって新たな目標段階へと着実に向上・成長することが求められているといえる。そのため、学習者それぞれの向上や成長の度合いに応じて、学習者個々の向上や成長を実現できるように、授業内容や方法を教師が組織・実践しなければならないといえるだろう。

　ではこのレベルは、どのような構造・原理に基づいていると判断できようか。三つの到達目標からその段階性を抽出すると、個別事象の特異性の把握（比較による相違性の抽出）を目指す段階から、それら相違性を時間経過に伴って配列することで変容性を抽出する段階、変容に理由付けを行う（変化の原因を把握する）段階、事象を因果的に理解する段階、多様な因果関係や各事象の相互関係を把握する段階、各事象を当時の社会と結びつけて考える段階（時代構造の把握）、社会の構造的の変容を把握する段階、というように、前段階の見方・考え方を含みこみながら、部分的に発展させることで可能となる次の段階の見方・考え方という形式で、緩やかに漸進的に深化していることがうかがえる。それに伴って、より高度な本質的理解と資料活用方略の獲得が求められていることになる。こうした各段階は、歴史認識に関する見方・考え方の漸進的な深化の段階として捉えられるとともに、その見方・考え方を把握するために必要な操作（学習方法）が、比較、変化、関連、因果、構造、構造変容というように、より漸進的に高度化する形式で組織されているとまとめられる。これはピアジェの同化—調節の原理(9)に依拠したものといえる。こうした漸進的な構造と原理によって、子どもたちは個別の歴史事象を学習しつつも、より上位のレベルに向けて、階段を徐々に上るがごとくその方法を習得し、着実に向上・成長していくことを可能にしているとまとめられるだろう。

　これはあくまでも歴史に関するものであるが、上記のような学力論が池野氏の考える向上主義学力論(10)といえる。ではこうした学力を育成するために、いかなる教育内容の編成を行っているのか。次は、学習プログラムについて説明しよう。

（2）学習プログラムの特質

　91年版「歴史」では、どういった単元を設定し、そこにおいてどういった学習を実施すべきかを大まかに示したものとして学習プログラムを提示している。例えばKS１では、自分や自分のまわりの大人の歴史、第２次世界大戦以後のイギリスにおける人々の生活の変化の学習、偉人の生活に関する学習、様々な時代の人々の日常生活に関する学習、地方・国内・国外における様々な出来事の学習（宗教的祭典・火薬事件・オリンピック・百年祭など）、という五項目が示されており、こうした学習を二年間で行うことが求められている。一部を除いて具体的な人物や出来事についての明確な指定や言及に乏しく、学習する順番も指定されていない。任意の事例を手がかりに、過去のある時期の出来事や個人そのものの理解を目指す学習、身近なテーマを用いた自分たちとの違い（現在との相違性）を理解する学習、短期的な変化の学習、をおこなうこととなっているとまとめられよう。

　KS１は到達目標のレベル１〜３（比較による相違性や変容性を抽出）の実現を目指す段階であるから、内容が目標としての研究視点習得のためのトピックスとして選択されていることが一目瞭然といえる。こうした構成は、他のKSでも類似する。こうした目標に応じた内容編成が我が国の新学習指導要領との大きな違いといえよう。

　またこの時、学習プログラムにおいて設定されているのは、到達目標に応じた大まかな学習方略に過ぎない。教材として具体的に何をどういう順番で学ぶかは明示されていない。であれば、各学校や各教師は、自らが対象とする学習者や地域の実態を踏まえ、カリキュラム・マネジメントを実施する必要がある。その際、到達目標の到達度や地域の実情から派生する内容選択が必須となることは言うまでもないだろう。仮に学習者が相違性の抽出が困難であったならば、偉人の生活に関する学習を重点的に実施することが求められようし、すでにそれができているならば、第２次世界大戦以後のイギリスにおける人々の生活の変化の学習に早々に取り組めばよい。その際取り上げ

124 第3章 社会科教育論

る偉人や出来事も、学習者が居住する地域のものを取り上げてもよいはずである。そうすることで、到達目標の着実な成長を可能にするよう教師が組織できるカリキュラムといえる。

　金馬[11]は、優れた初期社会科の実践校の学校カリキュラムを事例に、こうした目標の層構造を単元の外に系統的・段階的に設定し、その設定した目標と各単元の授業実践（学習内容や方法）とを結びつけて実践を構築する方略を「単元外接合」と定義し、「子どものしたい内容や方法」とともに、上記の系統的な目標実現に必要な「させたい内容や方法」を組み合わせて、ひとまとまりの授業実践として再構築するカリキュラムのマネジメントを推奨している。91年版「歴史」は、まさにそれを具体化しているといえ、近年、実践者の裁量を高めることを目的にナショナル・カリキュラムが簡略化されている[12]ことを踏まえると、こうした各学校や各教師の営みを保証することが、イングランドのカリキュラムの構造上の特性であると判定できるだろう。

4．まとめ

　本節では池野氏の提唱する向上主義学力論を具体的に説明するとともに、新学習指導要領の特質と限界に関する示唆を得ることを目的に、91年版「歴史」に基づき、イングランドのカリキュラム構造の特質について考察した。新学習指導要領ではカリキュラム・マネジメントの必要性が求められているが、単元や授業レベルだけではなく、年間カリキュラムや学校種を超えた長期的なマネジメントが必要と筆者は考える。そのためには、こうした学力論とカリキュラムの構造的転換が必要ではないだろうか。また、その際は、地理歴史科や歴史的分野といった、学問体系に基づく教科目の構成から見直してみることが民主主義社会に生きる市民の育成には必要となろう。

（熊本大学・竹中伸夫）

向上主義学力論とカリキュラムの意義　　125

【註】

（１）文部科学省ホームページ参照。

小学校学習指導要領（URL　http://www.mext.go.jp/component/a_menu/education/micro_detail/__icsFiles/afieldfile/2017/05/12/1384661_4_2.pdf）（最終アクセス、2018年2月22日）

（２）池野範男、PISA の学力概念と読解力－ブルーム的学力構造批判－、社会科教育、563、2006年、pp. 120-123、および、池野範男、タンス整理型学力と片づけ型学力－向上主義社会科学力－、社会科教育、564、2006年、pp. 120-123。

（３）イングランドにおいては、91年版「歴史」を嚆矢に、以降95年版、99年版、07年版、13年版と改訂を重ねてきているが、改訂のたびに実践者の裁量を高める目的で、カリキュラムの簡略化を行っている。そのため、その教育としての特色が最もよく表れている91年版「歴史」を事例として採用する。91年版「歴史」の詳細に関しては、拙著、現代イギリス歴史教育内容編成論研究－歴史実用主義の展開－、風間書房、2012年、pp. 1-427、を参照のこと。

（４）池野範男、独立「活用」論の問題性とその克服－習得主義から向上主義への学力論の転換－、教育目標・評価学会紀要、（19）、2009年、p. 9、および、池野範男、学力向上に必要なものは？－向上主義学力観とその方策－、現代教育科学、52（3）、2009年、p. 24。

（５）前掲（２）の563、p. 121。

（６）前掲（２）の564、pp. 121-123。

（７）同上、p. 122。

（８）新学習指導要領では、三つの資質・能力に連動した目標をすべての学年の目標、すべての内容項目の冒頭において明示している。しかしそれらの記述の差異性、階層性（シークエンス）に関しては、内容の違いを除いて不明確なものも多いと言えるだろう。

（９）ピアジェによれば、学習者は同化と調節を繰り返しながら、身の回りの世界を認知する。そのため新規に獲得される認知の枠組み（シェマ）は既存のものを漸進させたものとなる。そして多様なシェマを獲得した学習者は、それらを目的に応じて適宜用いるようになる。詳細は以下の文献などを参照のこと。

H・G・ファース著、植田郁朗、大伴公馬訳、ピアジェの認識理論、明治図書、1972年、pp. 1-238。

（10）向上主義学力論の特質については、下記文献を参照のこと。

池野範男、現代学力論と教科指導－目標と内容の乖離とその克服－、学校教育研究、

126　第 3 章　社会科教育論

24、2009年、pp. 45-58。

（11）金馬国晴、「はいまわらない経験主義」はありえたか、教育方法学研究、29、2003年、pp. 73-84。

（12）現行の2013年版ナショナル・カリキュラムは、例えばイングランドだと、学習内容の詳細に関しては、non-statutory（法定外）となっており、こうした傾向が強まっていると考えられる。詳細は以下のウェブページを参照のこと。（URL https://www.gov.uk/government/uploads/system/uploads/attachment_data/file/381344/Master_final_national_curriculum_28_Nov.pdf）（最終アクセス、2018年 2 月22日）

3-5 教材論

社会を形成する力を育てる教材構成と教材研究

1. 社会科教育の教材論

　教材とは、教師にとって教科内容を獲得させるための事物・事象であり、子どもにとっては学習の直接の対象となる事物・事象である。教材は属性として具体的状況をより顕在的にもっている[1]。そのため教材づくりは特定の理論を学校に具体的に実現可能な形で転換させる機能をもっている。日本の社会科教材に関する議論は1960年代から学習指導要領中心の教育に対抗して新たな教材を開発するなかで進んできた。その教材開発アプローチは上からの教材化（教育内容の教材化）と下からの教材化（素材の教材化）の二つに分類できる（図1、図2）[2]。

　上からの教材化は「教育内容―教材―活動という教授―学習過程において、各教科の教育機能を活性化させ、子どもたちが素材をとおして活発に追究したり考えたり研究したりする方法である。教育内容としてその教科の構造と

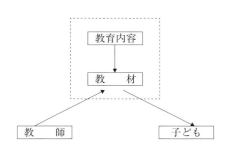

図1　教材開発アプローチ：
　　　上からの道の構造

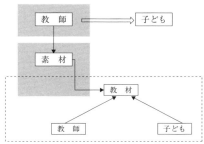

図2　教材開発アプローチ：
　　　下からの道の構造

なる専門科学の概念や理論、能力や技能から、教材を見つける」アプローチである。下からの教材化は「教師が自由な発想で素材となるおもしろい材料を探しだし、それを教材へ仕立ててゆく」アプローチでネタ教材の開発である。有田和正が「一人ひとりの子どもたちが切実な問題をもって、意欲的に追及する教材をつくり出し、それを組織づけること」[3]と教材研究の考えを示したのがこれに該当する。池野（2009）は両方とも授業改善のためには有効な方法であるとしながら、考えやすい方法で教材を見つけ、教科書教材を乗り越え、子どもたちの知識・理解、能力・技能、態度・関心を育てることができる新たなものを見つけ、授業の実際やその評価を通してその教材の真価を見きわめていくことが大切であるとしている。

2．社会形成科の教材構成

　社会科教材づくりは具体的にどのような形で行われば良いのか。その方法を池野の研究から探ってみよう。池野は社会科教材において「子どもとの関係を重視する」、「社会形成を図るものにする」、「見方・考え方を導入する」ことを強調している。これらは教材づくりにおいて子どもの日常生活と現実社会との関連のあるものを教材化し、社会形成を図りながら見方・考え方を導入して社会科教材を構成する一連の過程としてとらえることができよう。それぞれの具体は以下で考察する。

（1）子どもとの関係を重視する

　社会科教材において最も考慮しなければならなのは「子ども」であろう。池野は教材づくりの出発点を「子どもの素朴な疑問」においており、批判主義に基づいて現実社会を批判可能なものに改革することを主張している。子どもの素朴な疑問、例えば経済学習の場合、「外で飲むコーヒーはなぜ高いの」、「どこよりも高く買ってどこよりも安く売るってどういうこと」、「モノの値段って、どうやって決まるの」などは子どもたちが直観的に見つけたも

のであるが、現代の経済の本質や論争点を的確に指摘しているもの[4]である。しかし池野（2005）は「現代社会において行われている経済学習は、子どもたちが日常の社会生活において現実の社会に直面してもった素朴な疑問を放置し、現実の経済の本質や論争点を学習する機会を奪い、現実社会を学習の対象にせず、形式や制度、道徳や制度をそのまま無批判的に受容させるものとなっている。」と指摘しながら、教材の構成において現実の社会を批判可能なものに改革する必要があると主張する。そこで池野は「子どもの素朴な疑問を生かし、現実の経済の本質や根本的な論点・争点をみせること、現実の経済は一義的ではないので、論争的に見せること、論争的に見せるための多様な解釈を示すこと、そして経済の本質や論点・争点を認識する枠組みを教えること」が重要であると強調している。

　新たな教材として池野は「現状や政策が子どもたちの素朴な疑問の対象になっていることもあり、現状や政策の中から、子どもの関心を引き、経済の本質や論点・争点を示しているものを選択する。」ことを提案している。例えば教科書では米作りを中心とした農業、自動車産業を中心とした工業を取り上げ、それぞれの働き手の工夫を提示しているが、コンビニ、スーパー、またそこで売られている商品や売買するお金など子どもたちの生活に密接した経済を取り上げその構造や経済の本質的働き、政策など現実の経済を考えることができるものを教材化するのである。

　以上検討したように池野は社会科教材づくりにおける第一段階を子どもとの関係を考慮して子どもたちの素朴な疑問から出発していることが分かる。

（2）社会形成を図るものにする

　社会科は、民主主義「国家・社会の形成者」を育成することを目標とし、その実現を図る教科である[5]。そのため社会科教材の選定も当然社会形成を図るものにしなければならない。池野は社会科の教科目標を「社会形成力」と明確に示し、その達成を図る教材を多数開発し提案している[6]。社会形

130　第 3 章　社会科教育論

を図っている社会科教材研究の事例を沖西啓子（2013）[7]の地域学習から見て
みよう。池野は「地域学習において、社会形成力を育成していくには社会に
おける仕組みの理解と社会へのかかわり方、付き合い方を追究することであ
る[8]。」としている。これを受け沖西啓子（2013）は社会のしくみを理解させ、
これからの社会のあり方を追究していくことが社会形成力を育成することに
つながると判断し、「路面電車を通して広島市の交通政策」について考える
単元を開発している。池野（2013）[9]はこれを、社会形成を図る学習、として
評価しながら以下のように述べている。

> 「本単元は、広島市の交通政策の問題として、路面電車という子どもたちにとっ
> て身近で親しみのあるものを学習事例に取り上げ、その現状を考えさせるように
> 計画されている。本単元の多くが教科書では昔の生活様式、伝統文化を取り上げ
> るのに対して、沖西は日常の交通、それも子どもたちがよく利用する路面電車を
> 取り上げている。そうすることで広島市という現実の地域社会の問題を解決する
> こと、また、そのことで（地域）社会の形成に子どもたちがかかわり、社会の形
> 成を考えることができる学習状況を作っている。」

（3）見方・考え方を導入する

　「国家・社会の形成者」という社会科の目標を実現するためには、すなわ
ち社会形成力を図るためには選定された教材を具体的にどのように構成すれ
ばよいのか。池野は教材を構成するときに子どもの見方・考え方を導入し、
その段階的な成長を促すように設計することを強調している。見方・考え方
は社会にかかわる観点（パースペクティヴ）であり、社会的事象を対象とする
社会科の学習に内容をより深く理解するために、「社会的な見方や考え方」
を育てることが重要である[10]。池野は教材研究の段階で子どもの要因を考
慮し段階を設定してこれをどのようなレベルまで高めるのかを明らかにする
方法、原理を提示している。その事例として取り上げられている 3・4 年の
飲料水の単元を見てみよう。

レベル I	実在としての水 水というものが単にある（と自覚する）という観点
レベル II	作成物（生産物）としての水 水が（人や組織によって）作られているという観点
レベル III	公共性としての水 公共（みんな、○○市民）のために水が作られているという観点
レベル IV	人間の安全保障としての水 （世界のすべての）人が生きていくためには水はだれもがどこでも必要とするものだという観点

　飲料水、水に関するこの社会的な見方や考え方の設定には、次の四つの設計原則がはたらいている。

　①この国家や社会が目指すべき目標を確定すること

　②それがその単元の学習の最上位に位置すること

　③人が持っている日常的な素朴な観点からより上位の観点へと段階的に配列されていること

　④子どもたちがその学習の過程で通過する段階を想定していること

　さらにその設計には、四つの原則に基づいた次の三つの原理がはたらいている。

　①段階をレベルのように、下位から上位へ高めるように構成すること

　②子どもたちが獲得することができること

　③その国家や社会がより幸せになることを目指した段階に構成すること

　「社会的な見方・考え方」は2017年3月31日に告示された新しい学習指導要領においても明示されているものであるため、池野の提示したこられの社会科教材構成方法は学校現場で応用・活用できる有用なものであろう。

（光州教育大学校・李貞姫）

3．社会形成科の教材研究

　教材は、教師の試行錯誤が積み重なって作られ、作り直されていく。その

プロセスの全体もしくは一部が教材研究と言われる。社会を形成する力を育てる社会科において重要なのが、この教材研究の在り方である。教材を研究するという行為は、教えなければならない重要な知識をわかりやすく伝えることのできる事例を探すという意味で理解されることも多い。二杉（2014）[11]が言うように「教育内容」と「教材」の区別が生まれたのは教育の科学化という動向の中であった。教育内容として科学的な概念を、教材としてその習得に必要な事実を設定することで、教える内容の実体化・高度化を両立させようとした。その結果として、教育内容が目的で教材は手段、という関係が教材研究の意義や手法においても固定化されている。これに対して社会形成科の中心的論者である池野範男は、教材研究を通して教育目標である社会を形成できることに照らして教育内容を吟味する必要と共にその方法を示そうとしている、と見ることができる。ここでは、教師の重要な研究対象として教科書と専門書を取りあげ、社会を形成する力を育てる社会科の教材研究とはどのようなものであるかについて考えたい。

（1）教科書の研究

　教科書は日本の学校制度上「主たる教材」とされている。教師はこの用意された教材を完全に無視することは出来ない。教科書によって子どもたちが考える対象がひとまず示されており、教師は示された教材と教育内容、教材と子どもたちとの関係を考えながらオリジナルの教材を作っていく。しかし、多くの場合でそのような再構成は十分に行われず、教科書記述の伝達それ自体が授業の中心となる。これが「教科書を教える授業」として問題視される。一方で河南（1991）[12]などが取り組んだように「教科書で教える」重要性や「教科書を隠す」必要性について議論がなされる場合にも、教科書で何を教えるのか、教科書を隠して何を教えるのか、それが子どもたちに何をもたらすか、を明確にする必要がある。問題の本質は、示された教材と社会との関係が十分に吟味されていないということである。

池野（2014）[13]は、丹羽（2007）[14]を参照しつつ、社会科の教科書が必ず文脈がないとそれを読めないような構成になっていることを指摘し、教師が教科書に含まれている「文脈」を発見し、検討することを提案する。ここで言われる文脈とは、私たちが受け取った情報から一定の意味を見つけるための前提である。例えば、一般的な教科書でよくみられる、海に浮かんでいる船を岸側から描いた資料とともに「ペリーが来た」という本文記述があるという構成は、視点を日本側に置いた理解を要求する。その後の記述もこの視点を前提として続き、読者はそれに従って理解や判断を進めることになる。このような潜在的に組み込まれている文脈を意識的に（トゥールミン図式等を使って）考察し、教科書の示す理解や判断の構造を背後にある価値観や立場を含んだ形で整理することを教師に求めているのである。

教科書は、特定の文脈のもとで、社会的現象や行為について考えることで、一定の理解や判断を獲得できるようにしている。用意された教材である教科書は、すでに誰かにより切り取られた社会である。そこに含まれている文脈を発見し、教育内容の焦点を客観的な理解や判断のみではなく、ある社会の作られ方へと変化させる。それによって、学習者に社会の妥当性を吟味することを学習させる。このような示された教材と社会との関係を作り出す教材研究の論理が、社会を形成する力を育てる社会科においては、肝要なものとなる。

（2）専門家の著作の研究

社会科の教材研究において、専門家の著作（以下、専門書と表現する）を読むことは重要な役割を果たす。教科書を利用しながらオリジナルな教材にしていくときに、あらかじめ用意されていない部分を作っていく重要な手段である。しかし、これも実際には簡単なことではない。専門書を読み、用語の意味を確かめたり、最新の情報を探したりすることのみが、教材研究とされてしまうことも多い。

134　第3章　社会科教育論

　池野ほか（2004）[15]を始めとする社会を形成する力を育てることを目指した授業についての研究は、授業構成論と共に、専門書から専門家による探究の枠組みを抽出するという教材研究の在り方を示していると言える。ここで「探求の枠組みを抽出する」と言ったものの内実について各論考で違いも見られるが、教材研究の在り方として実際に広く受け取ることができるのは以下のような二つの意味においてであろう。

　まず一つは、その専門書が示す理解や判断を支える主張の構造を抽出し、教科書が示す見方や考え方とは違う、新しい見方や考え方を検討できる教材として準備するということである。例えば食料自給について、とある教科書では、一国による食の安全保障を担保しないといけないという見方から、カロリーベースの食料自給率などの教材が示されている。それに対して、国際分業による食糧安全保障を考える見方から、食料自給について論じている専門書がある。そこでは、例えば、生産額ベースの自給率がデータとしてとりあげられ、生産性向上による国際競争力の向上こそが求められていると主張され、その背景には、国際協力を前提とすることによって社会は発展するという価値付けがあるということが発見できるだろう。このような主張の構造を教科書における理解や判断を獲得させる構造と対称的に整理して教材として準備することを教師に求めている。複数の見方や考え方から教材を整理することで、社会の複線的な理解や判断の吟味を教育内容にできる。

　二つめは、専門書から専門家が問題を解決したり新しい考えを作ったりしている分析プロセスや認識論的な暗示を抽出し、学習者が自ら理解や判断を作っていく方法を獲得させる教材として準備するということである。これについては、池野ほか（2015）[16]などによって、より直接的に教師に求められる教材研究の在り方として論じられている。池野ほか（2015）は、このような読解の実践例を示すため、この世界における時間という存在について探究した哲学研究の著書を読解している。読解対象とされた著書では、時間に関する我々が一般的に持つ「出来事の帯」という認識について大きな欠陥があ

ることが主張されている。この主張がどのように生み出されたのかということを意識した読解によって、主題に関する言語使用のありようから我々の世界の構築に関わっている存在がどのようなものなのかを明らかにするという哲学研究の探究が抽出された。新しい理解や判断を作り出すことを学習者が自らできるようにするためには、それを学習者が実際に行い、その修正、質の改善を繰り返す必要がある。専門家がどのような問いをたて、どのような気づきを経験しているのか、を探究の一つの枠組みとして整理することで、新しい理解や判断を作り出す探究とはどのようなものかを言葉で理解し、共通に認識する教材となる。このような教材研究によって、理解や判断そのものだけでなく、その理解や判断を作り出している探究の形式や習慣自体を教育内容にできる。

（3）社会を形成する営みとの関係を作り出す教材研究

　教師の教材を作る、作り直すための試行錯誤は、すなわち教師の学びである。教師の役割は知識を伝達する役割ではなく、世界に対する知的な振る舞いの例を示す役割であると考えるならば、教師の教材研究は学習者の学びのモデルであるという側面が改めて意識されるべきだろう。自分たちの力で自分たちの社会を変えて行くこと。この民主主義の社会を形成する営みを支えているのは、社会を構成する人々が、いまあるものに対して問いを生じさせ、新しい可能性を考えてみることである。社会を形成する力を育成するための社会科では、教科書を批判的に研究し、専門書を構造的に、またメタ的に研究することで、そのような社会との関係を作り出すことを教師がまず実践することが求められる。教師の学びが学習者にモデリングされるためには、そこからさらに複雑で繊細な操作が必要ではある。しかしこのような教材論は社会科を、社会の形成者を育成することに積極的に結びつけるための重要な一歩であると言うことはできるだろう。

　さらに今後、上述のような教材研究に加えて求められることは、領域横断

的に行われるはずの社会の問題解決の方法と専門家の探究との関係をどのように結びつけられるかを追求することであろう。例えば、「その史料は誰がいつどこで作成したか？」という問いは歴史学の探究における重要な問いである。専門家以外の社会の形成者にとってこの問いが問われるべきかどうか決めるのは、その問いが自分たちの判断を反省的に捉え直し、新しい選択を可能にするかどうかである。専門家の探究では、社会の問題解決は保留し各領域で価値のある探究を実践するべきことも多い。学校の教科区分、社会科の科目区分、単元区分も同じような棲み分けとして見てしまうと、教師の教材研究において社会の問題に関する探究が保留されてしまう。もしくは専門家の成果を「役立つ知識」として、それが探究の経験だと学習者が認識できないほどに簡略化されてしまう。社会を形成するための力を育成するための社会科においては、問題の解決を図る中で何かしらの気づきが起こり、特定領域における専門家の活動を参考に問いを修正する、これを繰り返しながら新しい可能性を模索するという個人の振る舞いを教師がまずは実践するような教材研究がさらに求められるのではないだろうか。

（鹿児島大学・福井　駿）

【註】

（1）子安潤「教材」恒吉宏典・深澤広明編『授業研究重要用語300の基礎知』明治図書、1999、152頁。

（2）本節における教材開発アプローチは池野範男（2009）を参考に整理したものである。池野範男「教材開発アプローチ」日本教育方法学会編『日本の授業研究（下巻）』学文社、2009年、45-49頁。

（3）有田和正『子どもの生きる社会科授業の創造』明治図書、1982。

（4）本節における経済領域の教材論は、池野範男編著『資本主義経済をめぐる論点・争点と授業づくり』明治図書、2005年を基に作成されたものである。

（5）池野範男、渡部竜也、竹中伸夫「国家・社会の形成者」を育成する中学校社会科授業の開発」『社会科教育研究』2004（91）、1-11、1頁。

（6）例えば、次の研究などがある。池野範男、渡部竜也、竹中伸夫「国家・社会の

形成者」を育成する中学校社会科授業の開発『社会科教育研究』2004（91）、1-11頁；伊藤直哉、田口紘子、川口広美、池野範男「見方・考え方を育てる中学校地理授業の開発（2）小単元「道路は誰のもの？」の場合」広島大学大学院教育学研究科紀要第二部文化教育開発関連領域（56）、2007年、83-91頁；池野範男「社会形成力を育てる小学校社会科学習－授業研究とその仕方－」『学校教育』第1140号、2012年7月号、32-37頁。

（7）沖西啓子「社会形成力を育成するための小学校社会科授業の開発」『学校教育』第1154号、2013年10月号、24-31頁。

（8）池野範男「社会形成力を育てる地域学習における歴史的学習」『学校教育』第1121号、2010年。

（9）池野範男「社会形成力を育てる小学校社会科の個別授業研究」『学校教育』第1154号、2013年10月号、32-37頁。

（10）本節における見方・考え方については次の文献を基に作成した。池野範男「『小学社会』における「社会的な見方・考え方」の成長」、的場正美、池野範男、安野功『社会科の新しい使命～「小学社会」のめざすもの～』日本文教出版、2013、80-137頁。

（11）二杉考司「第4章第2節　教材と教具」『教育方法学研究ハンドブック』2014、80-137頁。

（12）河南一「社会科教科書の授業論的考察－「教科書で教える授業」の検討－」『熊本大学教育学部紀要（人文科学編）』1991（40）、19-35頁。

（13）池野範男（編）『東アジアの国々は国家をどのように描いているか』広島大学研究力強化事業成果報告書、2014。

（14）丹生英治「歴史教育課程におけるナショナルな空間認識形成の分析：学習指導要領社会を手がかりとして」『社会系教科教育学研究』2007（19）、73-80頁。

（15）池野範男ほか「「国家・社会の形成者」を育成する中学校社会科授業の開発」『社会科教育研究』2004（91）、1-11頁。

（16）池野範男ほか「「真正な実践」研究入門：価値（哲学）領域の読解を事例にして」『学習システム研究』2015（2）、pp.1-10。

3-6 教育実践の具体

広島大学附属学校園における連携
―教師教育の場としての「共同研究」―

（1）はじめに

　本稿の目的は、池野範男先生と附属学校園の連携において授業実践に関わった教師・大学院生が、どのように影響を受け、どのような資質を向上させたかを、アンケートを言説分析することで事例的に明らかにすることである。

　先生が主体となった附属学校園との共同研究は、1990年以降多く見られるようになる。当初、研究主題は教師らとともに「テスト構成案」を開発し、子どもたちの学びを把握しようとするものが中心であった[1]。授業開発や授業実践だけではなく評価研究を重視する研究姿勢は、2000年代になると社会形成科社会科の実践と結びついた生徒の認識変容の評価研究へと発展していく[2]。先生は附属学校園と連携し、子どもたちの認識変容に関する評価方略を明らかにし、達成度評価の実際を示した。

　以上のように、池野先生が附属学校園と連携したのは、社会形成科社会科の子どもたちへの効果性を明らかにするためであった。しかし、先生が行った教育実践の具体をこのように説明するだけでは不十分であろう。なぜならば、共同研究に関係した教師・大学院生らにもなんらかの影響を与えていると考えられるためである。教育実践の対象を子どもたちだけではなく教師や大学院生へと広げることで、附属学校園と連携した先生の教育実践を再定立したい。

　そのため（2）において、附属学校園と連携した代表的な教育実践を提示し、（3）で、その実践に関わった教師・大学院生の紹介と実施したアンケートの特徴を説明する。（4）でアンケートの回答と言説分析の実際を示し、

広島大学附属学校園における連携　139

教師への効果性を明らかにする。（5）で本稿の研究の意義について述べる。

（2）取り上げた教育実践

　池野先生と附属学校園との連携に着目すると、評価問題における回答を評価付けし社会形成科社会科の学習効果を解明するだけでなく、附属中学校と附属福山中学校との比較のように異なる学校間での比較、あるいは附属中学校と附属高等学校との比較のように異なる校種間での比較など附属学校園の特色を生かした研究を行っている。その代表的な研究として二つの共同研究を取り上げたい。一つの研究は、池野先生が大学院生らと開発した公民単元「選挙制度から民主主義社会のあり方を考える」の実践と評価に関する研究[3]である。この研究の主題は社会形成科社会科における実験・実証主義的研究とその方法論を確立するために、単元に基づく評価問題・評価基準を作成し、客観的な判定を行い、データ処理による学習成果の到達・達成度を分析をするものである。特に、（1）中学生と高校生とで、同じ内容、同じ方法の授業をしたとき、その到達・達成度はどのようにちがうのか、（2）異なった方法で、同じ内容の授業を行ったとき、中学生、高校生それぞれで、その到達・達成度はどのように異なるのか、について調査した。そのため、附属中・高等学校と附属福山中・高等学校において、比例先習型と交互学習型の2タイプの授業を実践した。比例先習型は比例代表制の制度、理念、背後の社会観を教え、続き、小選挙区制の制度、理念、背後の社会観を教え、比較する。交互学習型は小選挙区制の制度を、続き、比例代表制の制度を教え、次に、小選挙区制の理念と背後の社会観を、続いて、比例代表制の理念と背後の社会観を教え、最後に比較する。また、子どもの到達・達成度を測るために、感覚的、功利的、価値的、社会的という4つの認識レベルに基づき生徒の回答を評価付け、中学生と高校生の認識変容の違いや比例先習型と交互学習型の効果性について考察した。

　もう一つの研究は、大学院生が池野先生の協力により開発した中学校地理

授業「道路は誰のもの？」の実践と評価研究である[4]。この研究の主題は地理の達成度評価を明らかにすることで、到達度評価が対象としなかった到達しなかった生徒にも目を向けて、1人ひとりの子ども達の学習成長・変容を推測する方法を開発・理論化することであった。そのため、授業で育成する「新古典派」的（経済成長を重視。車の運転手の視点）、「社会資本」的（健康で安全な生活を重視。生活者の視点）、「両者」をあわせもつ、という三つの見方・考え方が向上しているかを、五つの段階（1心がけ、2装置づくり、3道路づくり、4ルールづくり、5まちづくり）で測る評価問題と達成水準を開発し、附属中学校と附属福山中学校で実践した。そして、その評価を数量的質的に考察すると共に、両附属中学校での実践結果を比較した。

　提示した二つの授業は、中学生と高校生との学習効果の比較、異なる授業方法における学習効果の比較、異なる学校間での学習効果の比較など附属学校園の特色を生かした教育実践となっている。そこで、当時、この二つの共同研究に関わった教師や大学院生（現社会科教師）へ2018年3月にアンケートをお願いした。現在指導的な立場にある彼らのアンケートの回答から、共同研究に参加することで受けた影響を明らかにしたい。

（3）対象とした教師とアンケートの実際

　（2）で示した公民の授業を実践したのは2006年であり、協力した授業者4名は、附属中・高等学校や附属福山中・高等学校の教諭であった。その中から特にA教諭にアンケートをお願いすることにした。A教諭はこの研究において、唯一中学校と高等学校の両方で授業を行い信頼性の高いデータを提供した。現在は教育委員会に勤務し指導的な立場にある。地理の授業については、2006年に大学院生3名が授業開発に関わった。実際の授業は2007年に附属中学校、2008年に附属福山中学校でそれぞれ1名の教諭が行った。アンケートをお願いしたのはB教諭である。B教諭は当時大学院生であり、授業開発の中心となった人物である。現在、中学校社会科や高等学校地理を教え

広島大学附属学校園における連携　141

表1　アンケートの項目

問1　池野先生から研究授業（研究授業開発）の依頼があったとき、どのように感じたか。
問2　実践授業の説明を受けた時に、どのように感じたか。（実践授業の説明を実践者に説明したとき、どのように感じたか。）
問3　授業場面で印象に残っていることは、どのようなことか。
問4　研究授業後、どのように感じたか。
問5　改めて研究論文を読んで、どのように感じたか。
問6　本実践研究がその後の自身の授業研究にどのような影響を与えたか、与えていないか、また、そのように考えた理由を教えてください。

（筆者作成）

ている。特に、附属中学校の実践に基づくアンケートをお願いした。

　A・B教諭にお願いしたアンケートが表1である。問1は共同研究に参加した時の思い、問2は実践前の授業に対する思い、問3は授業場面における思い、問4は、実践後の思い、問5は、研究結果・研究成果に対する思い、問6は、共同研究による教育的な影響の反省、について調査するものになっている。問1から問4までは当時の授業前後の気持ちを思い出して、問5・6は共同研究を現在の立場から相対化して、記述するものになっている。

（4）アンケートの回答と言説分析

　A・B教諭のアンケートに対する回答を示したものが表2である。ここでは問ごとに両者のアンケートを言説分析した。

　問1では、A教諭は共同研究に参加することを「誇らしい」と思う一方で、高等学校の授業には「不安」を感じる。また、社会形成型社会科の特質である「資質・能力の育成」についてはあまり注目していない。A教諭は共同研究に参加する意義や不安を感じる一方で、実践する授業内容に対する関心が低いことが分かる。B教諭は見方・考え方の育成に着目する研究テーマに「疑問を感じた」という。そのため「研究のためではなく」を強調し、あくまで生徒の学習を支援することに意義付ける。B教諭は共同研究として与え

142　第3章　社会科教育論

表2　アンケートの回答

問	A教師の回答（授業実践者）	B教師の回答（授業開発協力者）
1	・大学の先生から共同研究の依頼があるということは、一教員にとって誇らしいものであった。ようやく自分の授業が生徒にあってきた（中学生）ような感覚があったので、やってみたいという気はおこった。ただ、高等学校の授業については、スタイルが確立されていなかったこともあり、不安はあった。 ・今にしてみると、学習内容をいかに的確に伝えるかということに主眼が置かれていたので、生徒の資質・能力の育成という視点はなかった（生徒にお任せしていた）ように思える。そのため、本授業については飛び込みの教材のような意識があり、カリキュラム上の位置付けは不十分であった。	・「見方・考え方を育てる」ことを研究することができるのか、当初は疑問に感じた。発問、指示・支援、教材等との関係により「育った」ことをどう立証するのかが難しいと感じていたためである。ただ、研究のためではなく生徒の学習支援を第一に考えるならば、立証が難しいと二の足を踏むのではなくぜひとも取り組むべきだと考えた。
2	・比較対象する形式の授業については、生徒をモルモットにするのか、という批判があることは知っていた。ただ、自分としては、比較対象は必要であると考えているし、配慮がなされていればよいと考えていた。そのため、実践授業の対象方法が、アプローチを変えるものにとどまるということで十分な配慮があると感じた。 ・中学校、高等学校で同じ授業を行う点については、当時、現代社会と政治・経済の違いを明確に認識していなかったので大変申し訳ないが違和感はなかった。ただ、中学校3年生と高等学校2年生とでは、前者が興味関心の点では高いが、概念が複雑になると表面的な理解に留まるのに対して、後者はあまりおもしろそうな顔はしていないが、抽象的な概念による説明についても難なく付いてくる印象があった。 ・そのため、本時の資料を拝見した際、どちらの学年にも困難が生じるのではないかという印象を受けたのでそのように発言した。これに対しては、授業の構成は教員に任せるとされたので、C先生に学習内容については精査してもらい、それに基づいて授業を構成した。	・授業者の授業構想を聞き、「育てる」を「感覚的認識、功利的認識、価値的認識、社会的認識」という段階的な認識変容ととらえて実践されると聞き、授業の形成的評価として有意だと感じた。
3	・授業そのものは必死だったとしか言いようがない。自分の中で十分こなれていないことが分かった。この授業を行うためには、選挙制度の表層的な理解では不十分であり、授業者が制度の説明を行うだけではだめだ	・授業作成者がそのまま授業をすると、発問なども恣意的になる心配があるが、この実践ではその心配はなかった。授業者は、

	という感覚はあった。ただその方法はまだ獲得していなかった。 ・授業前後のテストで、中学校のDという生徒が、「意図が分かりやすい。先生もこんなテストをつくればいいのに」と言っていたことが印象的である。内容の深い説明を求めて後から生徒が質問をしてきたがはぐらかしていたような気がする。 ・高校生については記憶があまりないのでうまくいかなかったのではないか。講義型の授業であった。	普段運転をしないと聞いていたが、交通事故についての問いかけにおいて、運転手の立場、歩行者の立場など様々な立場に立って話を展開していたので事前準備を細やかに取り組んでおられると感じた。
4	・C先生にどうだったかとお聞きしたが、おもしろがっていた、という感想であったように思う。どのような成果があがるのがよいのかわからず、ただ、条件をそろえることを考えていたので、その成果について深く追求することはなかった。 ・一応、協力できたことは誇らしいという気持であった。ただ、条件設定に終始したため、自分自身の色がでたとは考えられず（実際はパフォーマンスに教員の個性は出ることは後日分かった）学習指導案の作成については、自分自身でもっと追求すべきであったというのは反省した。 ・学校では池野先生が、あまり違いはなかった、ということをお聴きし、ほっとすると同時に、どのようなパラメーターを設定すればよいのか、ということは漠然と考えた。ただ、その後の論文はしっかり読んでいない。	・「道路は誰のものか」を考える授業であったが、制度面の理解やそれに基づく議論が不十分になってしまった。道路行政に関わる制度面の教材研究をもっと深めて、授業者に提示すべきであった。あるいは、中学3年の公民分野につなげるかたちで、課題発見学習などで終わるかたちも考えてみる余地があると感じた。
5	・違いが出ているということが分かって少々ショックを受けた。 ・論文においては科学的、数的なアプローチを行うことについては大賛成であるから、今回の研究が非常に意味のあるものである（教育センターや教師教育について）ことが分かった。 ・比例先習よりも交互学習の方がよいという結論も当時認識していなかったので、自分の授業を改善することもなかった。 ・レベル4の知識の達成度が－になっているのは、おそらく、教えた内容に誤りがある、もしくは、単純に理解していたものを混乱させていることが考えられ、何を伝えたのか心配になると同時に、教師の伝達内容の正確さと生徒への影響を示すものであると思った。	一連の研究は授業開発を実践分析により再評価する連続研究であった。私（授業開発者）が日常業務の中では到底できない細かな分析結果を知ることができ、貴重な経験となった。論文の目的にある「この授業でどれだけ生徒の認識が高まったか」の検証結果については、授業開発者として反省するところが大きい。なぜなら、授業分析者が生徒の生活世界を分析対象とすることができていないからである。本授業のように日常生活を題材とする授業において、生徒

144 第3章 社会科教育論

・いずれにせよ、論文発表時に勉強すればよかったという反省しきりである。
・授業の場面では、授業者が不安に思わないよう、様々な配慮をしてくださったように思う。研究の目的、研究の方法、資料等事細かに教えてくださった。

は各々の生活世界を根拠にして解答することが多い。生徒に本当の意味での主体的な学習を保障するのであれば、まず生活世界を生徒自身の言葉で語らせ（描かせ）、把握する段階が必要である。例えば、日々の授業ではそのための発問をはさむか、メンタルマップを描かせるかをしている。本研究でもそうした生活世界とプレポストテストの選択肢の選択傾向との間の相関を分析する過程が必要であったと思われる。例えば、バンプやスクールゾーンがない地域の生徒にはそれらが目新しくうつり活用したくなる傾向にあり、標識が機能している地域に住んでいれば、ルールづくりに希望を見出す傾向にある、などの相関も数量的に考察すべきであった。それを不可能にしたのが、当初授業開発者の作成した、生徒を誘導する発問の多い予定調和的な指導案であったと感じている。そしてそれが論文中で指摘されているように、生徒の回答を水準や段階に区分していく判断根拠となる文脈がなく、作業を客観性に欠けるものとしたと考える。以上のように、授業開発者の未熟さゆえ、展開等が研究のための授業に終始している。現在も、本授業は隔年で実施しているが、今後10年ほど授業実践をさらに積み重ね、生徒の主体的な学習やその展開を保障する授業を作ることができるようになってから、生徒に還元しうる評価研究として提案したいと感じた。

6	・異なる授業を比較するということは考えていたが、同じ授業を異なる学年、クラスで比較することは、教員でもできることで採用できると思った。しかし、当該内容について、アプローチを変えることによって生じる影響については、思いもよらなかった。講義型、活動型という手法は変えることはあっても、教員は指導観をそれぞれ持っているのでアプローチを変えることは難しい。この研究を知ることによって自分の指導観そのものを客観的にみることが必要であることが分かった。 ・アプローチを変えるということはその後 ESD の研究授業において、自分の授業で実施した。実際には文部科学省の観点にもとづいて授業づくりを行うというものであったが、特に違和感なく学習指導案を作成でき、かつ、従来の授業と比較することができた。 ・ドイツの選挙制度を読み解くことを通じて民主主義について考えるものであったが、選挙制度を資料から分析するという方法を教員が学習した。授業づくりはもちろん、問題作成についても幅が広がった。 ・研究目的、研究方法の丁寧な説明、実施する教員の自由度を確保するなど、環境整備に注意を払っていた。指導主事となって依頼をしなければならないことが多く、その時の経験を活用している。	・実践研究の影響は大きかったと考える。新学習指導要領の実施に向けて、教科固有の「見方・考え方」を「働かせる」ことが求められるなか、（池野先生の研究から学んだ）生徒の既有の見方・考え方を「育てる」という視点は、今も私の中に強く根付いていると自覚しているからである。この視点を欠くと、教員の思惑通りに生徒に見方・考え方を「働かせる」授業に陥る危険性を感じる。 ・最近、日々の授業で主体的で対話的な学びを支援する際には、反駁を重要視している。それは、対立する見方・考え方を提示し、討議させることが生徒の認識変容に有効であるという、（池野先生の研究における仮説にもとづく）経験則が自分自身に働いているからだと考えられる。

（筆者作成、下線は筆者による）

られたテーマではなく、自分自身の研究テーマに基づいて協力しようとしている。

　問2では、授業前、A教諭は生徒を研究対象にすることに違和感があった。このため、生徒を比較する研究授業に対して「批判がある」「配慮がなされていればよい」「十分な配慮がある」と述べる。また、中学3年生と高校2年生の発達段階の違いを踏まえ、「どちらの学年にも困難が生じるのではないか」と不安を感じる。授業実践者が授業構成を生徒に合わせて変更できることになったが、もう一人の協力者であったC教諭に「学習内容については精査してもらい」のように授業構成を任せる。A教諭は初めての共同研究のため、実践研究に対して違和感や不安が大きかったことが分かる。B教諭は、

146 第3章 社会科教育論

授業実践者が共同研究の内容を理解し、段階的な認識変容と見方・考え方の育成を結びつける授業構想を提示したことから、「授業の形成的評価として有意だと感じ」、共同研究のテーマの有効性に一定の理解を示す。B教諭は実践者との関わりの中で、授業の実践性・効果性を理解し、共同研究に参加する意義を感じていることが分かる。

　問3では、A教諭は授業前に「選挙制度の表層的な理解では不十分であり、授業者が制度の説明を行うだけではだめだ」と普段の授業よりも社会形成型社会科の授業を難しいと考える。そして、「その方法はまだ獲得していなかった」とあるように、何をポイントに授業をすれば良いのかが明確でなかった。その結果、授業実践中に「自分の中で十分にこなれていない」と実感したと思われる。一方で、生徒Dの発言から開発された評価問題と授業との論理性の高さに感銘を受ける。また、高校生への授業では「うまくいかなかったのではないか」という言説から、中学校と同様に高校においても授業を難しいものと考える。「講義型の授業であった」という表現からは、生徒が主体的に学ぶ授業を組織できなかった反省を読み取れる。A教諭は社会形成科社会科の授業の難しさを分かっていたが、普段の授業方法を変革できなかったことを反省している。B教諭は授業を観察しつつ、自分自身を相対化して「発問なども恣意的になる心配がある」、また、授業者の実践について「交通事故についての問いかけにおいて」と述べており、特に発問に着目している。それは、「運転手の立場、歩行者の立場など様々な立場に立って話を展開していた」と指摘するように、見方・考え方を育成するためには、発問によって多様な立場を生徒に実感させることが重要であると考えていたためであろう。B教諭は社会形成科社会科としての見方・考え方を育成するという視点で授業を観察している。

　問4では、A教諭は、授業実践後に「協力できたことは誇らしい」と述べたり、「学習指導案の作成について、自分自身でもっと追求すべきであった」と反省したり、別々の授業の成果を把握するために「どのようなパラメータ

ーを設定すればよいのか」と課題を提起したりと、共同研究への関心を高める。しかし、当初より「どのような成果があがるのがよいのかわからず」と授業の目標を十分に理解できず、「その成果について深く追求することはなかった」、「その後の論文はしっかり読んでいない」と述べる。A教諭は実践後、実施した授業や共同研究のテーマを深める可能性があったが、授業改善や共同研究について探究することはなかった。B教諭は授業観察後に「制度面の理解やそれに基づく議論」が不十分であり、「道路行政に関わる制度面」の教材研究を深めたり、「課題発見学習」へ発展させることを考えている。B教諭は授業開発者として道路行政の知識教授や課題発見学習への転換など具体的な授業改善策を探究していたことが分かる。

　問5では、初めて論文を読んだA教諭は、認識の達成度が低いことに改めて「ショックを受け」、また、交互学習の方が効果性が高いことを認識せず、「授業を改善することもなかった」と当時を振り返る。そして、「論文発表時に勉強すればよかった」と記述する。論文を読んだことでA教諭は改めて当時の授業者の視点でその実践を反省をしている。一方で、「科学的、数的なアプローチを行うこと」を「（教育センターや教師教育）」にとって「非常に意味のある」のように現在の指導的な立場を踏まえて共同研究に改めて意義を見出す。A教諭は当時の授業者としての反省だけでなく、現在の自分の立場から共同研究への意義付けを行う。B教諭は、「授業分析者が生徒の生活世界を分析対象とすることができていない」や「本研究でもそうした生活世界とプレポストテストの選択肢の選択傾向との間の相関を分析する過程が必要であった」と述べて、共同研究において生徒の生活世界を考慮していないことを指摘する。そして、「それを不可能にしたのが、当初授業開発者の作成した、生徒を誘導する発問の多い予定調和的な指導案であった」と説明し、授業経験が未熟なため生徒を主体にできなかったと反省する。B教諭は「生徒に還元しうる評価研究として提案したい」とまとめ、開発者・実践者として経験を積んだことで、共同研究を相対化し、より生徒を主体とする研究へ

と発展させようとしている。

問6では、A教諭は、同じ学習内容をアプローチを変えて実施するのは、教員の指導観に関わることであり、思いもよらなかったと感じる。「この研究を知ることによって自分の指導観そのものを客観的にみることが必要であることが分かった」と述べ、自身が特定の指導観に影響を受けていたことを自覚する。そして、A教諭はこの経験を踏まえ「アプローチを変えるということはその後ESDの研究授業において、自分の授業で実施した」と述べ、共同研究の研究方法を参考にして自らの授業研究を遂行していたことに言及する。そして、池野先生が実践者の「環境整備に注意を払っていた」ことを「指導主事となって依頼をしなければならないことが多く、その時の経験を活用している」と、共同研究における研究方法を自らの立場に応じて活用していると述べる。A教諭は実践した社会形成科社会科の授業ではなかったが、自らの課題意識や立場に基づいて共同研究における研究方法を再解釈し、授業研究を進めていたことに気がつく。B教諭は、「生徒の既有の見方・考え方を「育てる」という視点」を獲得したことを共同研究の影響として強く意識する。B教諭はこれまでの授業経験を踏まえ、育てるとは、教員の見方・考え方を生徒に働かせるのではなく、生徒が見方・考え方を「反駁」することが重要と考える。このような考えの根底には「対立する見方・考え方を提示し、討議させることが生徒の認識変容に有効であるという、（池野先生の研究における仮設にもとづく）経験則が自分自身に働いている」とする。B教諭は共同研究で経験した社会形成科社会科における見方・考え方を踏まえながら、自らの授業のあり方を探究していたことを改めて自覚する。

アンケートの言説分析から、当時、A教師は共同研究に参加する意義を感じる一方で、実践する社会形成科社会科の高度な授業構成に対し、自らの授業方法を変革できなかった。実践後、実施した授業や共同研究に関心をもったが、授業改善や研究成果について検討することはなく生徒の学びの在り方を重視しなかった。一方で、当時、大学院生であったB教諭は共同研究を相

対化して考える傾向があったが、授業実践に関わる中で社会形成科社会科の実践性・効果性を理解し、実践後は授業開発者として具体的な授業改善策を探究した。そして、両教諭は改めて論文を再読し自分への影響を振り返る中で、Ａ教諭は当時の授業者としての反省だけでなく、現在の自分の立場から科学的な評価研究として新たな意義付けを行い、指導者としての課題意識や立場に基づいて共同研究における研究方法を再解釈し、授業研究に応用している。また、Ｂ教諭は共同研究を改めて相対化し、「反駁」など自らの授業のあり方に言及し、より生徒を主体とする研究へ発展させている。

　まとめると、共同研究によって、Ａ教諭は社会形成科社会科の学習者の学びを重視する教育論理を深める可能性はあったが、授業後のフィードバックが不十分であった。しかし、共同研究による経験を状況に応じて再解釈し自からの授業研究を進めていた。一方で、Ｂ教諭は大学院や共同研究に参加することで社会形成科社会科の教育論理を習得し、授業経験を踏まえることで、より生徒を主体とする社会科の在り方を探究していた。

（５）おわりに

　本稿は池野先生が附属学校園と連携した代表的な教育実践を提示し、その実践に関わった教師にアンケートを実施した。そして、その回答と言説分析を実際に示し、教師への効果性を事例的に明らかにした。

　その結果、一つは共同研究によって社会形成科社会科の授業を開発したり実践したりする経験は、時間が経っても強い印象として、参加した協力者に残っていること、二つは、協力者によって共同研究の影響が異なるのは、社会形成科社会科の学習者を重視する教育論理の習得の違いによること、三つは、協力者は、共同研究で経験した社会形成科社会科の研究方法論を、現在の立場に基づいて再解釈したり相対化したりして、自からの授業研究を進めていること、が分かった。

　本稿の研究の意義は、池野先生の附属学校園との連携において関わった協

力者が、共同研究を再解釈したり、相対化したりしていることを示し、研究者との教育実践に関わることが、主体的に授業研究を進める教師の資質を育成する上で効果的であることを、事例的ではあるが明らかにしたことである。

（玉川大学・宮本英征）

【註】

（1）例えば、池野範男他「社会科テストの教授学的研究（Ⅳ）－「テスト構成案」の必要性－」『広島大学教育学部　学部附属共同研究体制研究紀要』第18号、1990、pp. 55-65。

（2）例えば、池野範男他「認識変容に関する社会科評価研究（2）－小学校地図学習の評価分析－」『学校教育実践学研究』第12巻、2006、pp. 255-265。

（3）池野範男他「社会科授業に関する実証的研究の革新（1）－中等公民単元授業の比較分析－」『学校教育実践学研究』第14巻、2008、pp. 203-237。

（4）この実践研究の文献については以下のものがある。

・池野範男他「中学校地理授業における学習達成水準の研究（1）－単元「道路は誰のもの？」を事例にして－」『学部・附属学校共同研究紀要』第36号、2007、pp. 387-395。

・池野範男他「中学校地理授業における学習達成水準の研究（3）－授業の成果と比較考察（第二次報告）－」『学部・附属学校共同研究紀要』第38号、2009、pp. 289-294。

・池野範男他「社会科授業に関する実証的研究の革新（2）－中学校地理単元授業の比較分析－」『学校教育実践学研究』第15号、2009、pp. 155-186。

池野範男先生著作一覧

池野範男先生略歴

1952年5月	滋賀県蒲生郡竜王町に生まれる
1975年3月	広島大学教育学部高等学校教員養成課程社会科（歴史）卒業
1978年3月	広島大学大学院教育学研究科教科教育学専攻社会科教育 博士課程前期修了
1981年3月	広島大学大学院教育学研究科教科教育学専攻社会科教育 博士課程後期単位取得退学
1981年9月	広島大学教育学部助手
1985年10月	同　講師
1989年4月	同　助教授
1998年3月	博士（教育学）
2000年4月	同　教授
2001年4月	広島大学大学院教育学研究科教授
2011年4月	全国社会科教育学会会長（2014年3月まで）
2013年2月	広島大学より「特に優れた研究を行う教授職（DP：Distinguished Professor)」に認定
2017年3月	定年により広島大学を退職 広島大学名誉教授
2017年4月	日本体育大学児童スポーツ教育学部・大学院教育学研究科教授 （現在に至る）
2018年4月	日本教科教育学会会長（現在に至る）

【論文・雑誌】

池野範男（1978a）「西ドイツヘッセン州「ゲゼルシャフトレーレ」のカリキュラム構成」『社会科研究』26，pp. 50-59。

池野範男（1978b）「総合社会科の教科構造－ヘッセン州「ゲゼルシャフトレーレ」の場合－」中国四国教育学会『教育学研究紀要』24，pp. 262-264。

池野範男（1979a）「「批判的歴史授業」の構想－A. クーンの歴史教授学－」『日本教科教育学会誌』4(2)，pp. 75-82。

池野範男（1979b）「批判的歴史授業の学習過程－西ドイツ歴史授業研究－」『広島大学大学院教育学研究科博士課程論文集』5，pp. 117-123。

池野範男（1980a）「批判的歴史授業の授業構成－認識過程と授業過程の結合について－」『史学研究』147，pp. 48-66。

池野範男（1980b）「社会科教育研究の動向－社会科教育の研究レベルからの一考察－」『社会科研究』28，pp. 85-90。

池野範男（1980c）「西ドイツ歴史授業モデル－「社会科歴史」の観点から－」『社会科教育研究』43，pp. 45-55。

池野範男（1981）「歴史学習理論の研究－西ドイツの歴史授業構造論を手かがりとして－」『広島大学教科教育学会会報』16，pp. 2-6。

森分孝治，池野範男（1981）「「社会科教育学」教育改善の一方策（Ⅱ）－教授用フィルム（VTR）による社会科授業の比較研究－」広島大学教育学部教育方法改善委員会『教職能力形成のための実践的研究＝教育システムの開発［Ⅲ］』pp. 163-181。

池野範男（1982）「社会科授業内容分析の理論」『社会科研究』30，pp. 73-83。

池野範男（1983a）「西ドイツ歴史教授学のパラダイム変換」『広島大学教育学部紀要第二部』32，pp. 105-114。

池野範男（1983b）「社会科授業理論の認識論的基礎づけ（II）－「子どもの思考を育てる社会科」の場合－」『日本教科教育学会誌』8(1)，pp. 33-39。

池野範男（1983c）「社会的事実習得過程の指導について」広島大学附属小学校学校教育研究会『学校教育』796，pp. 40-45。

池野範男（1986）「「実証史学」的歴史教育独立論の問題点－津田左右吉の歴史教育論批判－」『社会科教育論叢』34，pp. 89-99。

伊東亮三，池野範男（1986）「社会科テストの教授学的研究（Ⅰ）－テスト問題作成の基本モデル－」『日本教科教育学会誌』11(3)，pp. 109-114。

伊東亮三，湯浅清治，池野範男，松井政明（1986）「世界の社会科教科書と国際理解」

広島大学教育学部学部附属共同研究体制『研究紀要』14，pp. 67-79。

池野範男（1987）「「ごっこ」を用いた社会科学習の指導について」広島大学附属小学校学校教育研究会編『学校教育』843，pp. 38-41。

池野範男（1988）「探究型社会科授業のアポリア」広島大学附属小学校学校教育研究会『学校教育』849，pp. 38-41。

池野範男（1989a）「知識習得の階層性と「記号解読」学習の指導」広島大学附属小学校学校教育研究会『学校教育』860，pp. 38-41。

池野範男（1989b）「二つの歴史授業と発問構成―歴史と子どもの思考との関係について―」広島大学附属小学校学校教育研究会『学校教育』866，pp. 12-17。

池野範男（1989c）「歴史教授と心情教科―ヴェーニガー歴史教育理論の基本構造」『広島大学教育学部紀要 第二部』38，pp. 59-68。

池野範男（1990a）「精神的科学的歴史教授学の独立性の問題について―ブランディ・ノール・ヴェーニガー―」『史學研究』189，pp. 21-41。

池野範男（1990b）「歴史授業原理としての歴史理解―ヴェーニガーの歴史教授原理―」『広島大学教育学部紀要 第二部』39，pp. 67-76。

池野範男（1990c）「近代ドイツ歴史カリキュラム理論成立への道（1）―Huellmann の場合―」中国四国教育学会『教育学研究紀要 第二部』35，pp. 245-250。

池野範男，伊東亮三，奥山研司，増井宏明，岩永健司，鵜木毅，大江和彦，大多和紀之，岡崎誠司（1990）「社会科テストの教授学的研究（Ⅳ）―「テスト構成案」の必要性―」広島大学教育学部学部附属研究体制『研究紀要』18，pp. 55-65。

池野範男（1991a）「近代歴史科の成立―コールラウシュの歴史科教育理論の確立過程―」広島大学教科教育学会『教科教育学会紀要』6，pp. 29-55。

池野範男（1991b）「授業の原則に従って，一つの目標に」広島大学附属小学校学校教育研究会『学校教育』882，pp. 38-41。

池野範男（1991c）「近代ドイツ歴史カリキュラム理論成立への道（2）―Niemeyer の場合―」中国四国教育学会『教育学研究紀要 第二部』36，pp. 247-252。

池野範男（1992a）「方法的能力の育成方略について―比較・分類の構造と育成方法―」広島大学附属小学校学校教育研究会『学校教育』895，pp. 38-43。

池野範男（1992b）「近代ドイツ歴史カリキュラム理論成立への道（3）―Schleier-macher の場合―」中国四国教育学会『教育学研究紀要 第二部』36，pp. 232-237。

池野範男（1992c）「歴史理解における視点の機能（1）―絵画資料理解の分析を通して―」『社会科研究』40，pp. 23-32。

池野範男（1992d）「ガスパリの地理カリキュラム理論―近代ドイツにおける段階性社会的教科カリキュラム理論の始源」『広島大学教育学部紀要 第二部』41，pp. 69-78

伊東亮三，中山修一，池野範男，大多和紀之，岡崎誠司，佐長健司，井川泉，西本眞，藤原隆範，湯浅清治，由井義通，岩永健司，鵜木毅（1992）「社会科における国際理解教育の展開（II）」広島大学教育学部学部附属共同研究体制『研究紀要』20，pp. 51-60。

池野範男（1993a）「分類能力を育成するための教材と指導」広島大学附属小学校学校教育研究会『学校教育』907，pp. 38-43。

池野範男（1993b）「近代ドイツ歴史カリキュラム理論成立への道（4）―Bluehdornの場合―」中国四国教育学会『教育学研究紀要 第二部』38，pp. 171-176。

池野範男（1993c）「ドイツ新5州のカリキュラム変革」日本社会科教育学会『1992年度研究年報』pp. 37-38。

池野範男（1994a）「近代ドイツ新人文主義的歴史カリキュラム理論―Guntherの場合―」『社会科研究』42，pp. 21-30。

池野範男（1994b）「中心内容習得のための地図読解指導について」広島大学附属小学校学校教育研究会『学校教育』927，pp. 38-43。

池野範男（1995a）「シャーフの4コース歴史カリキュラム理論」『広島大学教育学部紀要第二部』42，pp. 63-72。

池野範男，片上宗二，鵜木毅，梅津正美，藤原隆範，大江和彦，岡崎誠司，井道章史（1995）「社会科教育における認知構造の機能（I）―問題の所在を中心に―」広島大学教育学部学部附属学校園共同研究体制『研究紀要』23，pp. 47-55。

池野範男（1996a）「ダンツの3コース歴史カリキュラム―新人文主義歴史理解の質的拡大カリキュラム論―」『社会科教育研究』71，pp. 33-43。

池野範男（1996b）「近代初期ドイツにおける段階性歴史カリキュラムの展開―ヴォルフとコールラウシュの場合―」『社会科研究』45，pp. 1-10。

池野範男（1996c）「社会的探求者としての社会科教師」広島大学附属小学校学校教育研究会『学校教育』967，pp. 6-11。

池野範男，湯浅清治，大隈教臣（1996）「国際理解教育の単元開発（I）―英語科と社会科で連携した異文化理解教育を求めて―」広島大学教育学部学部附属学校園共同研究体制『研究紀要』24，pp. 21-28。

池野範男（1997）「ヘルバルトの学校カリキュラム論―興味の陶冶による経験の歴史的組織化」『教育方法学研究』22，pp. 1-9。

池野範男，阿部博貴，岡崎誠司，小川真理子，小野順子，小林理映，藤瀬泰司，宮兼和公子，宮崎修子，三好勝美（1997）「高校社会問題史教授プランの開発―単元「国際平和を考える―憲法解釈の歴史的変遷を通して―」―」『広島平和科学』20，pp. 149-173。

池野範男（1999a）「比較・分類能力の育成と自己意識の発達の関連について」広島大学附属小学校学校教育研究会『学校教育』980，pp. 38-41。

池野範男（1999b）「総合的な学習における社会問題授業方略について」広島大学附属小学校学校教育研究会『学校教育』982，pp. 66-67。

池野範男（1999c）「批判主義の社会科」『社会科研究』50，pp. 61-70。

池野範男ほか（1999）「「総合的な学習」国際理解教育における評価方略の開発」広島大学教育学部・関係附属学校園共同研究体制『研究紀要』28，pp. 29-37。

池野範男，岡崎誠司，森分孝治ほか（1999）「近現代史学習の授業開発の研究（4）―社会問題史学習の小単元「男女平等を考える」―」広島大学教育学部・関係附属学校園共同研究体制『研究紀要』28，pp. 107-116。

池野範男（2000）「「見る」ことの対象・反省活動の指導とその教育的意義について」広島大学附属小学校学校教育研究会『学校教育』990，pp. 38-41。

池野範男，岡崎誠司，森分孝治，片上宗二，棚橋健治，粟谷好子，児玉康弘，藤原隆範，高田準一郎，大江和彦，鵜木毅，森才三，土肥大次郎，和田文雄（2000）「「総合的な学習」国際理解教育における評価方略の開発」広島大学教育学部・関係附属学校園共同研究機構『研究紀要』28，pp. 107-116。

池野範男，日浦美智代，佐藤尚子〔他〕（2000）「国際理解教育における評価方略の研究―異（多）文化理解の評価スケールの開発―」『学部・附属学校共同研究紀要』29，pp. 7-15。

棚橋健治，土肥大次郎，片上宗二，池野範男，大江和彦，髙田準一郎，和田文雄（2000）「中等社会科における授業システム化の研究（6）―小単元「多民族国家アメリカ」の授業作りを事例として―」『学部・附属学校共同研究紀要』29，pp. 45-54。

池野範男（2001a）「社会科授業における思考形成指導について」広島大学附属小学校学校教育研究会『学校教育』1003，pp. 38-41。

池野範男（2001b）「社会形成力の育成―市民教育としての社会科―」日本社会科教育学会『社会科教育研究別冊2000（平成12）年度研究年報』pp. 47-53。

池野範男（2001c）「ディスコース（討議）世界の構築―社会形成による知の形成―」広島大学附属小学校学校教育研究会『学校教育』1007，pp. 6-11。

池野範男（2001d）「シンポジウムに参加して：真理性か正当性か，市民の基礎形成か市民形成か」『社会系教科教育学研究』13，pp. 37-39。

池野範男（2001e）「社会科は「生きる力」の何を分担するか―社会形成力（特集教育目標「生きる力」を実践で検証する）―」『現代教育科学』44(1)，pp. 47-49。

池野範男（2001f）「社会科発足にみる"その功罪"」『社会科教育』38(1)，pp. 89-92。

粟谷好子，森分孝治，池野範男ほか（2001）「近現代史学習の授業開発の研究（5）―小単元「日露戦後の社会と文化―受験生の社会史」の場合―」『学部・附属学校共同研究紀要』30，pp. 73-80。

池野範男，日浦美智代，佐藤尚子，岡崎誠司，西原利典，湯浅清治，増井知世子，井長洋，大隅教臣，五井千穂，原田良三，和田文雄，千菊基司，壇上明隆（2001）「国際理解教育における評価方略の研究―異（多）文化理解の評価スケールの開発―」広島大学学部・附属学校共同研究機構『研究紀要』29，pp. 7-15。

池野範男，佐藤尚子，中山修一ほか（2001）「国際理解教育における評価規準の作成，評価方法の工夫改善」『学部・附属学校共同研究紀要』30，pp. 37-44。

橋本康弘，片上宗二，池野範男ほか（2001）「中等社会科における授業システム化の研究（7）―「主体的思想形成」としての公民科倫理の授業構成を事例に―」『学部・附属学校共同研究紀要』30，pp. 63-72。

池野範男（2002）「広島大学教科教育学会35年史」広島大学教科教育学会『教科教育学研究』17，pp. 137-149。

岡崎誠司，西敦子，池野範男ほか（2002）「「総合的な学習」国際理解教育における評価方略の実証的研究（1）―単元「食べ物から世界を見つめよう」の開発と学習経過―」『学部・附属学校共同研究紀要』31，pp. 43-48。

棚橋健治，池野範男，鵜木毅，大江和彦，土肥大次郎，森才三，山名敏弘，和田文雄（2002）「社会認識教育における学習評価システムの開発研究（2）―論述式問題作成における資料の役割―」『学部・附属学校共同研究紀要』31，pp. 95-103。

池野範男（2003）「子どもたちを自立的に成長促進させる原理と手だて」広島大学附属小学校学校教育研究会『学校教育』1034，pp. 12-17。

岡崎誠司，西敦子，池野範男ほか（2003）「「総合的な学習」国際理解教育における評価方略の実証的研究（2）―単元「食べ物から世界を見つめよう」の開発と学習結果―」『学部・附属学校共同研究紀要』32，pp. 39-48。

關浩和，池野範男，吉田裕久ほか（2003）「インターネットを活用した総合学習におけるメディア・リテラシー論の研究」『学部・附属学校共同研究紀要』32，pp. 59-68。

棚橋健治，池野範男，鵜木毅，大江和彦，土肥大次郎，森才三，山名敏弘，和田文雄（2003）「社会認識教育における学習評価システムの開発研究（4）－論述式問題作成における論述視点の限定－」『学部・附属学校共同研究紀要』32，pp. 161-170。

池野範男（2004a）「公共性問題の射程－社会科教育の批判理論－」『社会科教育研究』92，pp. 9-20。

池野範男（2004b）「社会生活についての理解－具体目標と到達度評価－」『社会科教育』41(1)，pp. 10-12。

池野範男（2004c）「全国社会科教育学会が考える公民的資質の問題－限定化と実質化による市民的資質育成の可能性研究－」『社会科教育』41(1)，pp. 96-98。

池野範男，渡部竜也，竹中伸夫（2004a）「「国家・社会の形成者」を育成する中学校社会科授業の開発－公民単元「選挙制度から民主主義社会のあり方を考える」－」『社会科教育研究』91，pp. 9-20。

池野範男，渡部竜也，竹中伸夫（2004b）「認識変容に関する社会科評価研究（1）」『学校教育実践学研究』10，pp. 61-70。

樋口雅夫，粟谷好子，池野範男ほか（2004）「社会認識教育における学習評価システムの開発研究（5）－単元「地域統合」の評価問題を事例として－」『学部・附属学校共同研究紀要』33，pp. 185-194。

宮本英征，高林賢治，池野範男ほか（2004）「高校社会系授業の開発（1）「工業化」をキーワードとして」『学部・附属学校共同研究紀要』33，pp. 195-208。

關浩和，池野範男，吉田裕久ほか（2004）「インターネットを活用した総合学習におけるメディア・リテラシー論の研究（2）」『学部・附属学校共同研究紀要』33，pp. 63-72。

池野範男（2005a）「社会科授業研究の方法－關浩和先生小5「わたしたちの生活と情報」の批判的分析－」『社会系教科教育学研究』17，pp. 90-93。

池野範男（2005b）「高学年－政治学習の優れた指導案とその要件－」『社会科教育論叢』44，p. 76。

池野範男（2005c）「昭和60年代－エポックとなった問題とその背景－」『社会科教育』42(9)，pp. 32-35。

池野範男（2005d）「世界的に見て－どんな試みがあったか－」『社会科教育』42(2)，pp. 15-17。

池野範男，竹中伸夫，田中伸，二階堂年恵，川上秀和（2005）「小学校社会科における見方・考え方の育成方略－単元「地図とはどのようなものでしょうか？地図について考えてみよう！」を事例として－」『広島大学大学院教育学研究科紀要　第

二部 文化教育開発関連領域』53，pp. 79-88。

池野範男，竹中伸夫，田中伸，二階堂年惠，丹生英治（2005）「公民単元「国際連合について考える」―「国家・社会の形成者」を育成する中学校社会科授業の開発（2）―」『広島平和科学』27，pp. 137-154。

柳生大輔，村上忠君，石原直久，池野範男，棚橋健治，木村博一（2005）「国際的資質を育成する社会科学習（1）―国際的資質を育成するカリキュラムの開発―」『学部・附属学校共同研究紀要』34，pp. 285-293。

池野範男（2006a）「向上主義学力論の特質と問題点（特集 PISA 型読解力は何を示唆するか）」『現代教育科学』49(9)，pp. 18-21。

池野範男（2006b）「市民社会科歴史教育の授業構成」『社会科研究』64，pp. 51-60。

池野範男（2006c）「総合領域における優れた学習指導案とその要件」『社会科教育論叢』45，p. 70。

池野範男（2006d）「社会科の読解力を鍛えるテスト問題（1）―（12）」『社会科教育』43(4)―44(3)。

Ikeno, N（2006a）. Citizenship education In Japan after World War II. *International journal of citizenship and teacher education*, 1（2），pp. 93-98.

Ikeno, N（2006b）. Review Symposium changing citizenship: democracy and inclusion in education. *British Journal of Sociology of Education*, 27（2），pp. 251-262.

池野範男，竹中伸夫，田中伸（2006）「認識変容に関する社会科評価研究（2）―小学校地図学習の評価分析―」『学校教育実践学研究』12，pp. 255-265。

池野範男，竹中伸夫，田中伸ほか（2006）「認識変容に関する社会科評価研究（3）―中学校公民単元「国際連合について考える」学習の評価分析―」『学校教育実践学研究』12，pp. 267-282。

池野範男，若元澄男，桑山尚司（2006）「新採用3年以内の教員調査報告―広島大学時代の教育・学習経験に関する調査―」『学校教育実践学研究』12，pp. 1-18。

柳生大輔，石原直久，德本光哉，池野範男，棚橋健治，木村博一（2006）「国際的資質を育成する社会科学習（2）―国際的資質を育成するカリキュラムの開発―」『学部・附属学校共同研究紀要』35，pp. 285-291。

和田文雄，小原友行，池野範男，棚橋健治，土肥大次郎，森才三，三藤義郎（2006）「高等学校社会系教科における導入学習に関する授業開発の研究（1）―地理B「日本の大地形」の学習指導案―」『学部・附属学校共同研究紀要』35，pp. 443-447。

池野範男（2007a）「何に忠誠できるのか―シティズンシップのための教育―」『現代

教育科学』50(6)，pp. 50-52。

池野範男（2007b）「過大な期待と教科の本質」広島大学附属小学校学校教育研究会『学校教育』1084，pp. 6-11。

池野範男，小原友行，棚橋健治，湯浅清治，宮本英征，和田文雄，土肥大次郎，伊藤直哉，丹生英治，田口紘子，川口広美（2007）「中学校地理授業における学習達成水準の研究（1）―単元「道路は誰のもの？」を事例にして―」『学部・附属学校共同研究紀要』36，pp. 387-395。

池野範男，猫田英伸，Valijarvi Youni（2007）「フィンランドの教育事情―教育政策と教員養成を中心に―」『学校教育実践学研究』13，pp. 35-41。

池野範男，竹中伸夫，柳生大輔ほか（2007）「認識変容に関する社会科評価研究（4）―中学校歴史単元「喧嘩両成敗について考える」学習の評価分析―」『学校教育実践学研究』13，pp. 63-73。

樋口雅夫，小原友行，池野範男，棚橋健治，下前弘司（2007）「中・高一貫の視点に立った国際政治学習のカリキュラム開発に関する研究（1）―単元「地域紛争」を事例として―」『学部・附属学校共同研究紀要』36，pp. 21-30。

川口広美，丹生英治，田口紘子，伊藤直哉，池野範男（2007）「見方・考え方を育成する小学校憲法学習の授業開発―小単元「権利を侵したのは誰？」の場合―」『広島大学大学院教育学研究科紀要　第二部　文化教育開発関連領域』56，pp. 93-102。

森才三，小原友行，池野範男，棚橋健治，鵜木毅，大江和彦，土肥大次郎，山名敏弘，和田文雄（2007）「高等学校社会系教科における導入学習に関する授業開発の研究（2）―「世界史Ａ」導入単元の場合―」『学部・附属学校共同研究紀要』36，pp. 339-348。

柳生大輔，石原直久，長野由知，池野範男，棚橋健治，木村博一（2007）「国際的な資質を育成する社会科学習（3）―様々な情報を有効に活用し社会に参画する力を育成するカリキュラム開発を通して―」『学部・附属学校共同研究紀要』36，pp. 445-452。

池野範男（2008a）「社会科の可能性と限界―批判主義の立場から―」『社会科教育研究』104，pp. 6-16。

池野範男（2008b）「問う教育の必要性―「知識基盤社会」教育論の危なさ―」『現代教育科学』51(4)，pp. 5-7。

池野範男（2008c）「中学歴史＝移行措置の重点事項とは」『社会科教育』45(12)，pp. 80-83。

池野範男，川口広美，田口紘子，井上奈穂，伊藤直哉，南浦涼介，河村直明，三反田
隆志（2008）「中学生の平和意識・認識の変容に関する実証的研究―単元「国際
平和を考える」の実践・評価・比較を通して―」『広島平和科学』30，pp. 71-93。

池野範男，小原友行，棚橋健治，升原一昭，阿部哲久，若杉厚至，宮本英征，井上奈
穂，宇都宮明子，李貞姫，田口紘子，大國沙輝子（2008）「中学校授業における
開発 DVD 教材「郷土の伝統文化」の効果性の研究」『学部・附属学校共同研究
紀要』37，pp. 211-216。

池野範男，小原友行，棚橋健治，和田文雄，土肥大次郎，湯浅清治，宮本英征，伊藤
直哉，古賀壮一郎，蔡秋英，田口紘子，井上奈穂，南浦涼介，宇都宮明子，李貞
姫（2008）「中学校地理授業における学習達成水準の研究（2）―授業-評価方略と
その成果（第1次報告）―」『学部・附属学校共同研究紀要』37，pp. 217-222。

池野範男，田口紘子，李貞姫，宇都宮明子（2008）「小学校歴史授業の分析とその改
善―単元「信長・秀吉・家康と天下統一」をもとに―」『広島大学大学院教育学
研究科紀要 第二部 文化教育開発関連領域』57，pp. 39-48。

池野範男，竹中伸夫，丹生英治ほか（2008）「社会科授業に関する実証的研究の革新
（1）―中等公民単元授業の比較分析―」『学校教育実践学研究』14，pp. 203-237。

小原友行，深澤清治，山元隆春，池野範男，木村博一，棚橋健治，植田敦三，山崎敬
人，松浦伸和，濱本恵康，權藤敦子，内田雅三，中村和世，伊藤圭子，松田泰定，
松尾千秋，木原成一郎，杉川千草，藤井雅洋，神重修治，柳生大輔，桑田一也，
藤井志保，荒谷美津子（2008）「協同的創造力を育成する第5〜9学年の選択教
科単元モデルの開発（2）」『学部・附属学校共同研究紀要』36，pp. 287-296。

下前弘司，小原友行，池野範男，棚橋健治，鵜木毅，大江和彦，土肥大次郎，蓮尾陽
平，森才三，山名敏弘，和田文雄（2008）「高等学校社会系教科における導入学
習に関する授業開発の研究（3）―「現代社会」導入単元の場合―」『学部・附属学
校共同研究紀要』37，pp. 173-181。

杉川千草，村上良太，柳生大輔，桑田一也，八澤聡，小原友行，深澤清治，山元隆春，
佐々木勇，池野範男，木村博一，棚橋健治，植田敦三，松浦武人，山崎敬人，松
浦伸和，三村真弓，濱本恵康，内田雅三，中村和世，伊藤圭子，松尾千秋，木原
成一郎（2008）「協同的創造力を育成する第5〜9学年の選択教科単元モデルの
開発（3）」『学部・附属学校共同研究紀要』37，pp. 127-132。

柳生大輔，石原直久，長野由知，池野範男，棚橋健治，木村博一（2008）「国際的な
資質を育成する社会科学習（4）―様々な情報を有効に活用し社会に参画する力を
育成するカリキュラム開発を通して―」『学部・附属学校共同研究紀要』37，

pp. 289-294。

山名敏弘, 小原友行, 池野範男, 草原和博, 棚橋健治, 鵜木毅, 大江和彦, 土肥大次郎, 下前弘司, 蓮尾陽平, 見島泰司, 森才三 (2009)「高等学校社会系教科における導入学習に関する授業開発の研究 (4)―「日本史B」導入単元の場合―」『学部・附属学校共同研究紀要』38, pp. 269-274。

Haynes A., 池野範男, 鬼田崇作 (2008)「シティズンシップ教育と学習材―優れた実践のための諸原則―」『学校教育実践学研究』14, pp. 131-137。

池野範男 (2009a)「学校における平和教育の課題と展望―原爆教材を事例として―」『IPSHU 研究報告シリーズ』42, pp. 400-412。

池野範男 (2009b)「学力向上に必要なものは?―向上主義学力観とその方策―」『現代教育科学』52(3), pp. 23-26。

池野範男 (2009c)「全市一斉に取り組む小中一貫カリキュラム―広島県府中市―」『教職研修』37(12), pp. 100-103。

池野範男 (2009d)「現代学力論と教科指導:目標と内容の乖離とその克服」『学校教育研究』24, pp. 45-58。

池野範男 (2009e)「独立「活用」論の問題性とその克服―習得主義から向上主義への学力論の転換―」『教育目標・評価学会紀要』19, pp. 8-15。

池野範男 (2009f)「社会科への挑戦」広島大学附属小学校学校教育研究会『学校教育』1104, pp. 12-17。

池野範男, 小原友行, 棚橋健治, 草原和博, 土肥大次郎, 見島泰司, 湯浅清治, 宮本英征, 伊藤直哉 (2009)「中学校地理授業における学習達成水準の研究 (3):授業の成果と比較考察 (第二次報告)」『学部・附属学校共同研究紀要』38, pp. 289-294。

池野範男, 小原友行, 棚橋健治, 草原和博, 川本尚樹, 有田光宏, 阿部哲久, 若杉厚至, 宮本英征, 井上奈穂 (2009)「中学校授業における開発 DVD 教材「郷土の伝統・文化」の効果性の研究 (2)」『学部・附属学校共同研究紀要』38, pp. 281-287。

池野範男, 古賀壮一郎, 田口紘子ほか (2009)「社会科授業に関する実証的研究の革新 (2) ―中学校地理単元授業の比較分析―」『学校教育実践学研究』15, pp. 155-186。

柳生大輔, 石原直久, 長野由知, 池野範男, 棚橋健治, 木村博一 (2009)「国際的な資質を育成する社会科学習 (5)―思考の再構成を促す授業づくりを通して―」『学部・附属学校共同研究紀要』38, pp. 173-178。

山名敏弘，小原友行，池野範男，草原和博，棚橋健治，鵜木毅，大江和彦，土肥大次郎，下前弘司，蓮尾陽平，見島泰司，森才三（2009）「高等学校社会系教科における導入学習に関する授業開発の研究（4）－「日本史Ｂ」導入単元の場合－」『学部・附属学校共同研究紀要』38，pp. 269-274。

池野範男（2010a）「社会形成力を育てる地域学習における歴史的学習」広島大学附属小学校学校教育研究会『学校教育』1121，pp. 32-35。

池野範男（2010b）「地理的内容の見える化とノート指導」『社会科教育』47(7)，pp. 42-45。

Cole, M., 池野範男，小松真理子，川口広美，後藤賢次郎（2010）「批判的人種理論と教育」『学校教育実践学研究』16，pp. 77-84。

下前弘司，小原友行，池野範男，棚橋健治，草原和博，鵜木毅，大江和彦，土肥大次郎，蓮尾陽平，見島泰司，森才三，山名敏弘（2010）「高等学校社会系教科における批判的思考力を育成する授業開発の研究（1）公民科「倫理」の場合」『学部・附属学校共同研究紀要』39，pp. 285-290。

柳生大輔，安松洋佳，長By由知，池野範男，棚橋健治，木村博一（2010）「国際的な資質を育成する社会科学習（6）－思考の再構成を促す授業づくりを通して－」『学部・附属学校共同研究紀要』39，pp. 219-224。

池野範男（2011a）「社会形成力を育てる（市民）社会科」広島大学附属小学校学校教育研究会『学校教育』1127，pp. 6-13。

池野範男（2011b）「学校教育目標としての構成員教育（特集「規範意識」「公共の精神」を育てる）」『現代教育科学』54(2)，pp. 17-19。

池野範男（2011c）「教科書の教育方法学的検討（I. 課題研究，日本教育方法学会第46回大会報告）」『教育方法学研究』36，p. 159。

池野範男（2011d）「経済－言葉のルーツ・歴史変遷の面白例」『社会科教育』48(1)，pp. 30-33。

土肥大次郎，小原友行，池野範男（2011）「高等学校社会系教科における批判的思考力を育成する授業開発の研究（2）－公民科政治・経済小単元「税制改革」の場合－」『学部・附属学校共同研究紀要』40，pp. 289-294。

池野範男（2012a）「解説：韓国，中国，アメリカの社会科教育の現状と課題」『社会科研究』76，pp. 21-22。

池野範男（2012b）「シティズンシップ教育はどのようにしてひとを育てるか－育成原理－」筑波大学付属小学校初等教育研究会『教育研究』1330，pp. 18-21。

池野範男（2012c）「社会形成力を育てる小学校社会科学習」広島大学附属小学校学校

教育研究会『学校教育』1140，pp. 32-37。

Ikeno, N. (2012) New theories and practices in social studies in Japan: Is citizenship education the aim of social studies as a school subject, *Journal of social science education*, 11（2），pp. 24-38.

池野範男（2013a）「国際理解学習：殿堂入り?! 指導案の実物＆リスト一覧」『社会科教育』50(6)，pp. 47-49。

池野範男（2013b）「社会形成力を育てる小学校社会科の個別授業研究」広島大学附属小学校学校教育研究会『学校教育』1154，pp. 32-37。

宮本英征，池野範男，伊藤直哉（2013）「ポスト国民国家へと移行する社会を読み解く次世代カリキュラムの開発研究（1）―言説を構成原理とする高校地理歴史科世界史の場合―」『学部・附属学校共同研究紀要』42，pp. 49-56。

福井駿，金寶美，池野範男（2013）「地域の人物と聴き合い活動を用いた社会科授業づくり―小学校における社会科授業構成研究（3）―」『広島大学大学院教育学研究科紀要第二部文化教育開発関連領域』62，pp. 107-116。

金寶美，福井駿，池野範男（2013）「地域に根ざした課題解決活動を用いた社会科授業づくり―小学校における社会科授業構成研究（2）―」『広島大学大学院教育学研究科紀要第二部文化教育開発関連領域』62，pp. 97-106。

グッドソン，A.，池野範男，福井駿（2013）「カリキュラム，物語，社会的将来（海外カリキュラム研究情報（第11回）イギリス）」『カリキュラム研究』23，pp. 63-75。

Davies, I., Mizuyama, M., Ikeno, N., Parmentar, R., Mori, C. (2013). Political literacy in Japan and England. *Citizenship, Social and Economics Education* 3, pp. 163-173.

池野範男（2014a）「日本の教科教育研究者とは何をどのようにする人のことか―教科教育学と教師教育―」『日本教科教育学会誌』36(4)，pp. 95-102。

池野範男（2014b）「グローバル時代のシティズンシップ教育―問題点と可能性：民主主義と公共の論理―」『教育學研究』81(2)，pp. 138-149。

池野範男，宛彪，岡田了祐ほか（2014）「学習困難の研究（1）特別支援教育の使命と教科教育の在り方」『広島大学大学院教育学研究科附属特別支援教育実践センター研究紀要』12，pp. 17-24。

蓮尾陽平，小原友行，池野範男，棚橋健治，草原和博，鵜木毅，大江和彦，下前弘司，土肥大次郎，見島泰司，森才三，山名敏弘（2014）「高等学校社会系教科における批判的思考力を育成する授業開発の研究（Ⅲ）―公民科現代社会小単元「日銀

の金融政策」の場合―」『学部・附属学校共同研究紀要』42，pp. 243-248。

宮本英征，池野範男，伊藤直哉，草原和博，藤原隆範，湯浅清治（2014）「ポスト国民国家へと移行する社会を読み解く次世代カリキュラムの開発研究（Ⅰ）―言説を構成原理とする高校地理歴史科世界史の場合―」『学部・附属学校共同研究紀要』42，pp. 49-56。

宮本英征，池野範男，伊藤直哉，草原和博，藤原隆範，湯浅清治（2014）「ポスト国民国家へと移行する社会を読み解く次世代カリキュラムの開発研究（Ⅱ）―生活世界の言説に着目した高校地理歴史科カリキュラムの変革―」『学部・附属学校共同研究紀要』43，pp. 123-132。

大江和彦，小原友行，池野範男，棚橋健治，草原和博，畠中和生，鵜木毅，遠藤啓太，下前弘司，蓮尾陽平，見島泰司，森才三，山名敏弘（2014）「高等学校社会系教科における批判的思考力を育成する授業開発の研究（4）―地理歴史科日本史Ａ小単元『富岡製糸場と絹産業遺産』の場合―」『学部・附属学校共同研究紀要』43，pp. 299-308。

Ikeno, N.（2014）As citizenship education globalizes, why do individual countries and regions differ in their to it? *The Journal of social studies education*, .3, pp. 37-52.

池野範男（2015a）「シンポジウム「人口減少によって変化する社会と社会科教育の可能性」主旨とまとめ」『社会科教育研究』124，pp. 47-48。

池野範男（2015b）「伝統文化教材による社会形成力形成」広島大学附属小学校学校教育研究会『学校教育』1169，pp. 38-43。

池野範男（2015c）「小学校低学年社会科とその授業研究―必要性と実際的な成果―」広島大学附属小学校学校教育研究会『学校教育』1176，pp. 38-43。

池野範男（2015d）「未来に生きる子供たちに必要な資質や能力とは」文部科学省初等中等教育局編『初等教育資料』925，pp. ⅳ-ⅴ。

池野範男，青木多寿子，磯﨑哲夫，影山和也，草原和博，山元隆春，兼重昇，費暁東（2015）「学習システム促進プロジェクト（第１年次報告）―専門科学者との共同研究プロジェクト―」『広島大学大学院教育学研究科共同研究プロジェクト報告書』13，pp. 1-8。

池野範男，福井駿（2015）「「真正な実践」研究入門：価値（哲学）領域の読解を事例にして」『学習システム研究』2，pp. 1-10。

見島泰司，小原友行，池野範男，棚橋健治，草原和博，鵜木毅，遠藤啓太，大江和彦，實藤大，下前弘司，蓮尾陽平，山名敏弘（2015）「教育実習のための効果的な指

導方法に関する研究（1）実習生の指導案作成におけるつまづきの分析」『学部・附属学校共同研究紀要』44，pp. 297-306。

宮本英征，池野範男，伊藤直哉，草原和博，藤原隆範，湯浅清治（2015）「ポスト国民国家へと移行する社会を読み解く次世代カリキュラムの開発研究（Ⅲ）－市民的資質の評価方法の検討－」『学部・附属学校共同研究紀要』44，pp. 103-112。

菅尾英代，畠中和生，池野範男（2015）「真正な実践のための哲学研究者の学習過程の探求－畠中和生「人間観の類型論」を手掛かりに－」『学習システム研究』2，pp. 23-36。

横山千夏，渡邉巧，能見一修，岡田了祐，若原崇史，宛彪，池野範男（2015）「特別支援学校用教科書『くらしに役立つ社会』の分析（2）歴史的内容－学習困難の研究（3）－」『広島大学大学院教育学研究科附属特別支援教育実践センター研究紀要』13，pp. 27-39。

若原崇史，宛彪，横山千夏，渡邉巧，能見一修，岡田了祐，池野範男（2015）「特別支援学校用教科書『くらしに役立つ社会』の分析（1）地理的内容－学習困難の研究（2）－」『広島大学大学院教育学研究科附属特別支援教育実践センター研究紀要』13，pp. 11-25。

Ikeno, N., Fukazawa, H., Watanabe, J., Elliott, V., Shawyer, C., Olive, S. E. and Davies, I (2015) Putting the case for building a bridge between drama and citizenship education. *Citizenship teaching & learning* 10(3), pp. 237-250.

池野範男（2016a）「フォーラム教育として，また，学問としての教科の必要性－社会科を事例にして－」『日本教科教育学会誌』38(4)，pp. 97-102。

池野範男（2016b）「教師のための「真正な学び」研究入門－教材研究のための論文読解比較研究－」『学習システム研究』4，pp. 1-12。

池野範男（2016c）「小・中学校社会科をとらえる３つの枠組みと「つながり」を生む授業デザイン－カリキュラムの三角構造とその実現－」『社会科教育』53(12)，pp. 10-13。

池野範男（2016d）「学校教育におけるシティズンシップ教育の必要性」『指導と評価』pp. 54-56。

池野範男（2016e）「小学校政治単元の授業研究－グローバル社会において求められていること－」広島大学附属小学校学校教育研究会『学校教育』1187，pp. 38-43。

池野範男，荒井紀子，伊深祥子，工藤由貴子（2016）「日本家庭科教育学会第59回大会報告シンポジウム家庭科が育てる『市民性』とは」『日本家庭科教育学会誌』59(3)，pp. 165-170。

池野範男，児玉真樹子，松浦拓也，小山正孝，草原和博，岡田了祐，間瀬茂夫，深澤清治，森田愛子，岡直樹，栗原慎二，大里剛，西本正頼，エリクソン・ユキコ，小島奈々恵（2016）「児童・生徒の学習の促進の研究」『広島大学大学院教育学研究科共同研究プロジェクト報告書』14，pp. 1-10。

池野範男，岡田了祐，宛彪，渡邉巧，若原崇史，横山千夏，能見一修（2016）「特別支援学校用教科書『くらしに役立つ社会』の分析（4）研究総括―学習困難の研究（5）―」『広島大学大学院教育学研究科附属特別支援教育実践センター研究紀要』14，pp. 69-76。

岡田了祐，能見一修，若原崇史，宛彪，横山千夏，渡邉巧，池野範男（2016）「特別支援学校用教科書『くらしに役立つ社会』の分析（3）公民的内容―学習困難の研究（4）―」『広島大学大学院教育学研究科附属特別支援教育実践センター研究紀要』14，pp. 55-68。

池野範男（2017a）「日本における多文化教育の論争点と課題―複アイデンティティ形成に焦点を当てて―」『学習システム研究』5，pp. 45-58。

池野範男（2017b）「シカゴ大学実験学校の教育とその評価」『学習システム研究』5，pp. 141-145。

池野範男（2017c）「教師のための「真正な学び」の研究：第三年次の研究―教材研究のための研究論文の読解とその「真正な実践」への活用―」『学習システム研究』6，pp. 1-12。

池野範男（2017d）「研究者の学びの真正性の活用―共同研究（第一年次～第三年次）の総括―」『学習システム研究』6，pp. 79-84。

Norio, I. (2017a) Elementary social studies lesson study in Japan: Case study of a 6th grade politics unit. *The Journal of social studies education*, 6, pp. 63-74.

Norio, I. (2017b) The issues and problems of multi-cultural education in Japan: Focus on formation of Plural-identities. *Theory and research for development learning system*. 3, pp. 27-41.

池野範男，石原光，高錦婷，福元正和，山口安司，城戸ナツミ，近藤秀樹，尾藤郁哉，児玉泰輔，茂松郁弥，山本稜　吉川友則，鈩悠介，神野幸隆，川口広美（2018）「討議活動に着目にした中学校社会科地理授業研究―社会認識と市民的資質の一体的な育成を目指して―」『日本体育大学大学院教育学研究科紀要』1(1-2)，pp. 95-111。

川口広美，城戸ナツミ，近藤秀樹，尾藤郁哉，高錦婷，福元正和，山口安司，兒玉泰輔，茂松郁弥，山本稜，吉川友則，神野幸隆，鈩悠介，池野範男（2018）「教科

の構造に基づいた小学校社会科授業研究―知識の構造図と概念的枠組みを用いて―」『学校教育実践学研究』24，pp. 83-92。

Norio, I. (2018) Governance issue on citizenship/social studies education: Democratic education and its paradox problem, *The Journal of social studies education in Asia*, 7, pp. 19-32.

【著書・報告書】

池野範男（1980）「本研究における「身近な地域」の学習の意義」『社会科地域学習の授業モデル』明治図書，pp. 35-42。

伊東亮三・池野範男（1981）「西ドイツ社会科の学力観」『社会科教育学研究第5集』明治図書，pp. 156-167。

池野範男（1983）「学習形態」社会認識教育学会（編）『初等社会科教育学』学術図書出版社，pp. 31-40。

池野範男（1985）「国家から社会へ―西ドイツ社会科の出発期から―」社会認識教育学会（編）『社会科教育の21世紀―これからどうなる・どうするか―』明治図書，pp. 242-252。

池野範男（1986）「川口市（埼玉県）における実践―地域教育計画型カリキュラム」平田嘉三（編）『初期社会科実践史研究』教育出版センター，pp. 210-216。

池野範男（1989a）「西ドイツにおける社会科」教員養成大学・学部教官研究集会社会科部会編『社会科教育の理論と実践』東洋館出版社，pp. 300-306。

池野範男（1989b）「近代ドイツ歴史カリキュラム理論の成立―弁証法的三段階の発見―」社会認識教育学会（編）『社会科教育の理論』ぎょうせい，pp. 239-252。

池野範男（1991a）「今井譽次郎『まいにちの社会科記録』」『社会科の授業理論と実際』研秀出版，pp. 171-180。

池野範男（1991b）「昭和40年代の小学校社会科」『社会科教育の歴史と展開』研秀出版，pp. 105-114。

池野範男（1994）「社会科カリキュラム原理―統合か分化か―」全国社会科教育学会（編）『社会科教育学ハンドブック』明治図書，pp. 267-276。

池野範男（1995）「社会科の基本的性格」星村平和（編）『社会科授業の理論と展開―社会科教育法―』現代教育社，pp. 10-15。

池野範男（1996a）「資料活用能力の育成にかかわる実践研究の歩み」溝上泰・片上宗二・北俊夫（編）『情報処理能力を育てる資料活用のアイデア』明治図書，pp. 143-150。

池野範男（1996b）「公民的分野の内容構成」社会認識教育学会（編）『中学校社会科教育』学術図書出版社，pp.111-123。

池野範男（1999）「個我の教育を基盤にした近代教育改革の幻想」日本教育方法学会（編）『教育方法28：教育課程・方法の改革―新学習指導要領の教育方法学的検討』明治図書，pp.71-86。

池野範男（2000a）「探究学習」「発見学習」日本社会科教育学会（編）『社会科教育事典』ぎょうせい。

池野範男（2000b）「公民的分野の内容構成」社会認識教育学会（編）『改訂版中学校社会科教育』学術図書出版社，pp.111-122。

池野範男（2000c）「ドイツの社会認識教育」「日本社会科教育学会」「理解」「世界観」「事実科」森分孝治・片上宗二（編）『社会科重要用語300の基礎知識』明治図書，p.32, 34, 98, 117, 143。

池野範男（2001a）『近代ドイツ歴史カリキュラム理論成立史研究』風間書房。

池野範男（2001b）『現代民主主義社会の市民を育成する歴史カリキュラムの開発研究』（平成10年度～平成12年度科学研究費補助金基盤研究(C)(2)）研究成果報告書。

池野範男（2001c）「社会科教育成立・発展史の研究」全国社会科教育学会（編）『社会科教育学研究ハンドブック』明治図書，pp.358-367。

池野範男（2002a）「歴史学習における資料」『CD-ROM 版中学校社会科教育実践講座』7，ニチブン，pp.199-204。

池野範男（2002b）「序章―第3章」池野範男，橋本康弘，渡部竜也『アメリカ社会科における国家安全保障学習の展開と構造』広島大学平和科学研究センター。

池野範男（2003a）「市民社会科の構想」社会認識教育学会（編）『社会科教育のニュー・パースペクティブ―変革と提案―』明治図書，pp.44-53。

池野範男（2003b）「ドイツにおける学力構造」角屋重樹研究代表『学力構造に関する歴史的・比較教育的分析からの教科存在基盤の研究』科学研究費補助金研究成果報告書，pp.104-113。

池野範男・棚橋健治（2003）「社会科における学力構造の変遷」角屋重樹研究代表『学力構造に関する歴史的・比較教育的分析からの教科存在基盤の研究』科学研究費補助金研究成果報告書，pp.33-45。

池野範男（2004a）『現代民主主義社会の市民を育成する歴史授業の開発研究』平成13年度～平成15年度科学研究費補助金基盤研究(C)(2)研究成果報告書。

池野範男（2004b）「社会教育実践で育成すべき学力としての社会形成」溝上泰（編）

170 池野範男先生著作一覧

『社会科教育実践学の構築』明治図書，pp. 52-61。

池野範男（2004c）「ドイツ：歴史工房学習としての博学連携歴史学習」片上宗二研究代表『社会認識形成における教科教育と生涯学習の連携に関する国際比較研究』科学研究費補助金研究成果報告書，pp. 34-48。

池野範男（2004d）「はじめに」「研究の目的と方法」「研究の仮説」池野範男研究代表『中等教育教員養成プログラムの研究』（平成14-16年度広島大学大学院教育学研究科リサーチオフィス特別研究経費研究報告書），pp. 1-8。

池野範男（2004e）「ドイツにおける社会科関連カリキュラム改革」森分孝治研究代表『諸外国における小・中・高一貫による社会科関連科目のカリキュラム開発論の基礎的研究』（平成11-13年度科学研究費補助金（基盤研究(C)(1)）研究成果報告書，pp. 33-46。

池野範男（2004f）「社会科における歴史学習の類型―理念型を求めて―」西脇保幸研究代表『社会科関連科目の小・中・高一貫による教育課程開発・編成に関する研究』（平成11-13年度科学研究費補助金（基盤研究(C)(1)）研究成果報告書，pp. 19-25。

池野範男（2004g）『小学校社会科と補充的な学習，発展的な学習』大阪書籍。

池野範男（編）（2005）『"資本主義経済"をめぐる論点・争点と授業づくり』明治図書。

池野範男（2007）「イギリスの社会科系教科ナショナルカリキュラム」中原忠男研究代表『学習者の学びに基づく21世紀型の教科教育課程の開発研究』（平成16-18年度科学研究費補助金（基盤研究(B)）研究成果報告書，pp. 142-150。

Print, M., Ikeno, N., Sim, J. and Wing, L. Y.. (2007). Political Education in AsiaDirk Lange, Volker Reinhardt (hg.). *Basiswissen Politische Bildung. Handbuch für den sozialwissenschaftlichen*, Schneider Hohengehren, 189-202.

Norio, I. (2007) Teaching about a controversial electoral system: lessons from Japan. Hilary Claire, H. and Holden, C. (Eds.). *The challenge of teaching controversial issues*, London: Trentham Books, 103-109.

池野範男（2007）「高学年：政治学習の学習指導案について」全国社会科教育学会編著『優れた社会科授業の基盤研究Ⅰ：小学校の"優れた社会科授業"の条件』明治図書，pp. 116-121。

池野範男（2007）「歴史リテラシーと授業改善」日本教育方法学会編『教育方法36リテラシーと授業改善』図書文化，pp. 82-96。

岩田一彦・片上宗二・池野範男（編）（2007）『社会科間違いやすい・紛らわしい用語

指導辞典』明治図書。

池野範男ほか（2008a）「生涯学習社会にふさわしい教科リテラシー教育の単元開発」広島大学大学院教育学研究科編『共同研究プロジェクト報告書』6，pp. 28-52。

池野範男（2008b）「東アジア的シティズンシップ教育は可能である」日本社会科教育学会国際交流委員会（編）『新しい社会科像を求めて―東アジアにおけるシティズンシップ教育』明治図書，pp. 124-125。

池野範男（2009a）「3．授業研究による教科指導の改善：第1節教材開発アプローチ」日本教育方法学会『日本の授業研究下巻：授業研究の方法と形態』学文社，pp. 33-49。

池野範男（2009b）『我が国を視点にした英国シティズンシップ教育の計画・実施・評価・改善の研究：地方行政局と大学と学校が連携した教育 PDCA 開発』平成17年度～平成20年度科学研究費補助金（基盤研究(A)）研究成果報告書。

池野範男（2009c）「現代学力論と教科指導―目標と内容の乖離とその克服―」日本学校教育学会編『学校教育研究』24，pp. 45-58。

池野範男（2010）「地理歴史科の意義と課題」社会認識教育学会（編）『地理歴史科教育』学術図書出版社，pp. 1-5。

池野範男（2011a）「教師の授業力向上」全国社会科教育学会（編）『社会科教育実践ハンドブック』明治図書，pp. 233-236。

池野範男（2011b）「発見学習」「探究学習」日本社会科教育学会（編）『新版社会科教育事典』ぎょうせい，pp. 222-223，pp. 224-225。

Norio, I.（2011a）. *Citizenship Education in Japan*. London: Continuum.

Norio, I.（2011b）. Postwar Citizenship Education Policy and its development. Norio, I.（Ed.）. *Citizenship education in Japan*. London: Continuum, pp. 15-28.

池野範男（2013a）「『小学社会』における「社会的な見方・考え方」の成長」的場正美・池野範男・安野功『社会科の新しい使命』日本文教出版，pp. 80-137。

池野範男（2013b）「国立大学のこれから」山崎英則（編）『大学の生き残りと再生：その手がかりを求めて（現場と結ぶ教職シリーズ18）』あいり出版，pp. 132-146。

池野範男（2014）「教育研究の類型と特質」日本教育方法学会（編）『教育方法学研究ハンドブック』学文社，pp. 50-55。

永田忠道・池野範男（編）（2014）『地域からの社会科の探究』日本文教出版。

池野範男（2015a）「教科教育に関わる学問とはどのようなものか」日本教科教育学会（編）『今なぜ教科教育なのか』文溪堂，pp. 99-102。

池野範男（2015b）「シティズンシップ教育と道徳教育―国際的な観点から―」日本

教育方法学会（編）『教育のグローバル化と道徳の「特別の教科」化』図書文化，pp. 95-109。

池野範男（2016）「地理歴史科・公民科のアクティヴ・ラーニング―学びの質保証を考える―」日本教育方法学会研究推進委員会（編）『高等学校におけるアクティブ・ラーニングを問う（日本教育方法学会第19回研究集会報告書)』，pp. 26-36。

池野範男（2017）「「資質・能力」の育成と「教科の本質」：社会」日本教育方法学会編『学習指導要領の改訂に関する教育方法学的検討』図書文化，pp. 61-72。

Ikeno, N. and Watanabe, J. (2018). Drama education and global citizenship and education. In Davies, I., Ho, Li-Ching, Kiwan, D., Peck, C., Peterson, A., Sant, E. and Waghid, Y. (Eds.). *The Palgrave Handbook of Global Citizenship and Education*, London: Palgrave., pp. 523-538.

あ　と　が　き

　本書は、批判主義の社会科論、市民社会科論のパイオニアであり第一人者である池野範男氏の社会科教育学研究に関するメタ研究である。執筆者は皆、かつて池野ゼミで指導を仰いだ者たちである。池野ゼミから巣立った社会科教育学研究者が集い、池野氏のこれまでの研究をレビューし、一種のハンドブックとして著したのが、本書である。

　こうした書を上梓する契機となったのは、私たちの敬愛する恩師池野範男氏がめでたく2017年3月をもって広島大学をご定年退職されたことである。池野氏にはきびしくもあたたかいご指導を賜り、実に貴重なご教示を頂戴してきた。それらがなかったならば、社会科教育学研究者としての今の私たちはなかったであろう。池野先生は正に私たちの先生であり、学恩ある池野氏のご定年退職を私たちなりにお祝いしたいとの共通の思いから、メタ研究による記念刊行をめざすこととなった。

　勿論、広島大学をご退職になられたとはいえ、池野氏の研究が完結したわけではない。2017年4月から日本体育大学で教鞭をとられており、2018年4月には日本教科教育学会の会長に就任された。日本学術振興会科学研究費補助金基盤研究（A）「学校シティズンシップ教育の社会的教育効果の国際比較調査研究」（2017〜2021年度）を研究代表者として進められるなど、第一線で精力的に活躍しておられる。今後も池野氏は研究を益々発展させていかれるに違いない。それにもかかわらず、池野氏の現時点までの社会科教育学研究に関するメタ研究に取り組んだのは、批判主義によって社会科教育学に一つの大きな転回をうみだしている氏のさまざまな研究の成果を社会科教育関係者が共有できるようにしたいと考えたからである。また、これまでの研究を把握し吟味検討することにより、社会科論の更なる再構築、社会科教育の

174 あとがき

新たな批判的形成に向かっていきたいと考えてのことである。「持続可能な社会の創り手」の育成、「社会に開かれた教育課程」を標榜して2017年・2018年に学習指導要領が改訂され、社会科という社会について取り扱う教科は社会とどう関わるか、社会科は社会形成者の育成に向けて何をどう担うのかが改めて問い直されている今日、池野氏のこれまでの研究をレビューすることは大きな意味をもつのではなかろうか。

このようなねらいに基づく本書の特色は、以下の3点にまとめられよう。

第一の特色は、池野範男という批判主義社会科論の代表的論者の研究をカバーし、さまざまな観点ごとに分析紹介していることである。本書では、池野氏の社会科教育学研究をとらえるための主要観点として、社会観・教育観（学力論、目標論、めざす市民像）、研究方法論（規範的・原理的研究、開発的・実践的研究、実証的・経験的研究）、社会科教育論（授業分析論、授業開発論、カリキュラム論、教材論、教育実践の具体）を設定している。それらの観点ごとに、氏の現時点までの研究について、コンパクトに解説している。氏の研究は多岐にわたり、また、社会理論をはじめとする諸学の知見を背景としていることもあって奥深い。批判主義の社会科論を掴もう、池野氏の社会科教育学研究をとらえよう、それらのための手がかりを得ようとする者にとって、本書は助けとなるはずである。ぜひ氏の著書・論文そのものとあわせてお読みいただきたい。そうして理解される池野氏の研究との対比や関連づけにより、自らの立ち位置も確かめたり省みたりしていただけるのではないかと思う。

第二の特色は、各観点に基づく研究の解説に留まらず、吟味検討し、特質・意義や課題について扱っていることである。本書は批判的継承のための書である。氏の研究を高く評価しているものの、賞賛するだけではないし、氏に代表される批判主義の社会科論をすでに完成された社会科論と見ず、未完の社会科論と見る。批判主義に則り、吟味検討し、更なる再構築の可能性を見出そうとする。それが故に、特質・意義を明らかにするとともに、課題も取りあげる。それらの課題は批判主義の社会科論が今後乗りこえなければ

あ と が き　175

ならないと個々の執筆者がとらえるものである。池野氏の研究の特質・意義
や課題の提示はまた、氏の研究に関連している他者の研究を検討したり、相
異なる教科主義の社会科論、実用主義の他の社会科論を検討したりする上で
も参考にしていただけることであろう。

　第三の特色は、それぞれの観点を扱う個々の項目が「池野の研究を論じ
る」という側面と「池野の研究で論じる」という側面をあわせもち、それ自
体が個性のある論考となりえていることである。2つの側面の比重は項目に
よって異なっているものの、どの項目も池野氏の研究の解説や吟味検討を通
して明示的あるいは暗示的に何かを論じており、多かれ少なかれ提起性や提
案性を備えている。そうした論考は、社会科・社会科教育学の有り様や新た
な在り方を問い直すための重要な視点や論点に気づかせてくれるものとなっ
ている。一つ残念でならないことは、尾原康光氏（島根大学准教授、故人）の
論考がここにないことである。尾原氏は前途を有望視されながら2007年に41
歳という若さで急逝された（氏の研究は、学部生・大学院生時代に指導教員であ
った池野氏の編纂により、尾原康光『自由主義社会科教育論』としてまとめられ、溪
水社より刊行されている）。もしも、尾原氏がご存命であったなら、どのよう
な論考を寄せていただけたであろうか。改めてご冥福を心よりお祈りする。

　本書は、池野範男氏の社会科教育学研究をレビューするハンドブックとし
ての性格をもつ。氏のさまざまな研究について論じており、読者がその体系
全体に迫ることを可能にする。とはいえ、保証まではしておらず、多くの項
目を結びつけて全体を総括することを一人ひとりの読者に委ねている。社会
観・教育観から順に読み進めたり、あるいは関心のある観点から関連する観
点へ広げたり基底となる観点へ深めたりし、ぜひ全体に目を通していただき
たい。そうして、池野氏の社会科教育学研究の全貌を検討いただきたいし、
自分だったらこの項目をどう執筆するか、自分だったらどういう項目をどう
並べて目次立てするかと考えてみることなどを通して、メタ研究としての本
書を吟味し批判することもお願いしたい。本書につづき、批判主義の社会科

論、市民社会科論の再構築に向けて第2弾、第3弾……とフォーラムが進められていくことを期待するとともに、本書の刊行が社会科教育の不断の改善・改革のための一つの足がかりとなればと願う。

　最後になったが、本書の企画から2年にわたって献身的に編集に尽力くださった橋本康弘（福井大学）、田中伸（岐阜大学）、川口広美（広島大学）の3氏に深く感謝申し上げたい。

2018年12月

　　　　　　　　　　　　　　　　　　　　　　　　　服部一秀

　執筆者一同、深甚なる感謝の意を込め、学恩に報いるべく研鑽をつんでいくことを誓いつつ、本書を私たちの恩師池野範男先生へ捧げる。

執筆者一覧（執筆順）

〈子どものシティズンシップ教育研究会〉

渡部　竜也（東京学芸大学）	1章1-1執筆
田中　伸（岐阜大学）＊	1章1-2執筆
吉村　功太郎（宮崎大学）	1章1-3執筆
橋本　康弘（福井大学）＊	2章2-1執筆
藤瀬　泰司（熊本大学）	2章2-2執筆
川口　広美（広島大学）＊	2章2-3執筆、著作一覧作成
宇都宮　明子（島根大学）	3章3-1執筆
田口　紘子（鹿児島大学）	3章3-2執筆
服部　一秀（山梨大学）	3章3-3執筆
竹中　伸夫（熊本大学）	3章3-4執筆
李　貞姫（光州教育大学校）	3章3-5執筆
福井　駿（鹿児島大学）	3章3-5執筆
宮本　英征（玉川大学）	3章3-6執筆
空　健太（岐阜工業高等専門学校）	著作一覧作成

＊　編集担当

社会形成科社会科論
　　―批判主義社会科の継承と革新―

2019年3月31日　初版第1刷発行

　　　　著　者　　子どものシティズンシップ教育研究会

　　　　　　発行者　　風　間　敬　子

　　　発行所　　株式会社風　間　書　房
　　　　〒101-0051　東京都千代田区神田神保町 1-34
　　　　　　電話 03(3291)5729　FAX 03(3291)5757
　　　　　　　　　　　　振替 00110-5-1853

　　　　　　印刷　太平印刷社　　製本　高地製本所

©2019　Kodomono citizenship kyoiku kenkyukai　　NDC 分類：375
　　　ISBN978-4-7599-2281-3　　Printed in Japan

JCOPY〈(社)出版者著作権管理機構　委託出版物〉
本書の無断複製は、著作権法上での例外を除き禁じられています。複製される場合はそのつど事前に(社)出版者著作権管理機構（電話 03-5244-5088，FAX 03-5244-5089，e-mail: info @ jcopy.or.jp）の許諾を得てください。